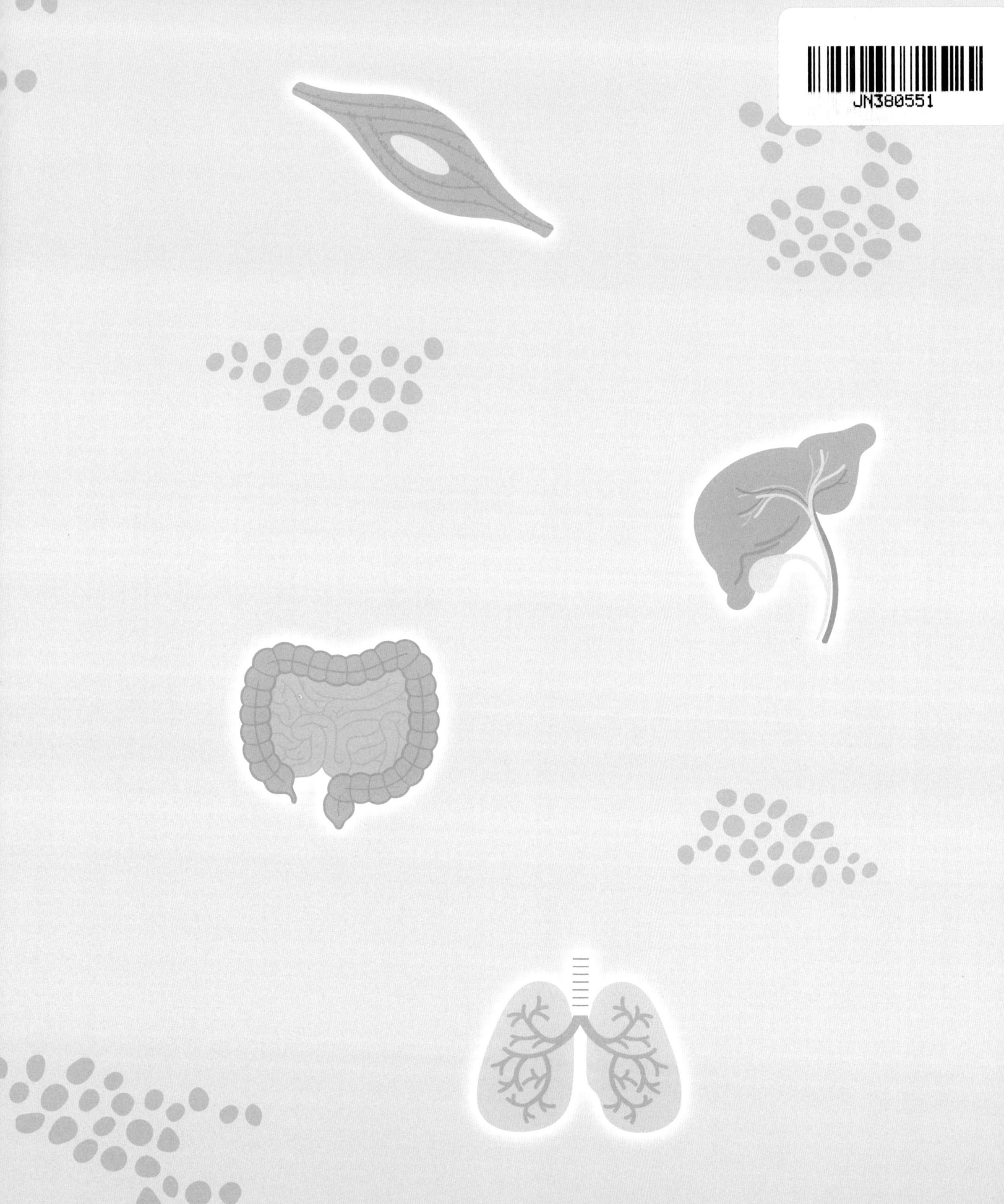

참 신비한 인체 이야기

클라이브 기포드 글 | 바냐 크라굴즈 그림 | 권루시안 옮김 | 손수예 한국어판 감수

클라이브 기포드 글
어린이와 어른 모두를 위한 논픽션 책을 집필하고 있습니다. 25개 이상의 언어로 번역된 200여 권의
책을 펴냈으며, 왕립학회 청소년 도서상, 타임즈 정보 도서상, 학교도서관협회 정보 도서상,
블루 피터 도서상 '사실을 담은 최고의 책' 부문 상 등 수많은 상을 수상했습니다. 영국 맨체스터에서 살고 있습니다.

바냐 크라굴즈 그림
화려하고 기발한 스타일로 유명한 캐나다의 일러스트레이터이자 미술 교육자입니다.
어린이 책과 장난감부터 공공 예술과 상업 일러스트레이션까지 다양한 분야에서 작업하며,
자신의 스튜디오에서 어린이와 어른을 대상으로 일러스트레이션 교육을 진행하고 있습니다.

권루시안 옮김
다양한 분야의 책을 아름답고 정확한 번역으로 소개하려 노력하고 있습니다. 클라이브 기포드의 《참 놀라운 시간 이야기》,
애나 웰트만의 《참 재밌는 수학 이야기》, 애나 클레이본의 《참 신기한 변화 이야기》, 《참 쉬운 진화 이야기》(진선아이),
앨런 라이트맨의 《아인슈타인의 꿈》(다산책방) 등 많은 책을 옮겼습니다. 홈페이지 www.ultrakasa.com

손수예 한국어판 감수
고려대학교 의과대학을 졸업하고, 15년 넘게 진료실에서 아이들을 만나 온 현직 소아청소년과 전문의입니다.
20만 구독자 유튜브 채널 〈우리동네 어린이병원〉을 운영하며 의학 정보를 알기 쉽고 재미있게 전달하고 있습니다.

참 신비한 인체 이야기

인쇄 – 2025년 7월 22일 | 발행 – 2025년 7월 29일
글 – 클라이브 기포드 | 그림 – 바냐 크라굴즈 | 옮김 – 권루시안 | 한국어판 감수 – 손수예
발행인 – 허진 | 발행처 – 진선출판사(주) | 편집 – 김경미, 최윤선, 최지혜
디자인 – 고은정 | 총무·마케팅 – 유재수, 나미영, 허인화
주소 – 서울시 종로구 삼일대로 457 (경운동 88번지) 수운회관 15층 전화 (02)720-5990 팩스 (02)739-2129
홈페이지 www.jinsun.co.kr 등록 – 1975년 9월 3일 10-92 | ISBN 979-11-93003-77-0 77510

How To Make a Human
© 2024 Weldon Owen International, LP
Korean language edition © 2025 by Jinsun Publishing Co., LTD.
Korean translation rights arranged with Weldon Owen, an imprint of Insight Editions, LP,
PO Box 3088, San Rafael, CA 94912, USA, www.insighteditions.com
through EntersKorea Co., Ltd., Seoul, Korea.

이 책의 한국어판 저작권은 (주)엔터스코리아를 통한 저작권자와의 독점 계약으로 진선출판사가 소유합니다.
신 저작권법에 의하여 한국 내에서 보호를 받는 저작물이므로 무단전재와 무단복제를 금합니다.

차례

4	인체를 만드는 방법	38	폐
6	재료	40	입과 이
8	구성 요소	42	소화 계통
10	세포와 인체 기관	44	창자
12	놀라운 뼈대	46	노폐물 제거
14	거대한 퍼즐	48	인체 방위대
16	움직이는 근육	50	피부, 털, 손발톱
18	머리의 근육	52	머리털과 피부
20	뇌	54	인체를 보살피는 법
22	신경망	56	음식
24	화학 신호	57	운동
26	시각과 눈	58	청결
28	시력 검사	59	치료와 회복
30	청각과 귀	60	잠
32	후각과 미각	61	성장과 발달
34	심장	62	용어 설명
36	수송망	64	찾아보기

* 의학 용어는 〈KMLE 의학 검색 엔진〉의 사전을 기준으로 정했으며, 일상에서 많이 사용하는 용어를 괄호 안에 넣어 함께 표기하였습니다.
예) 작은창자(소장)

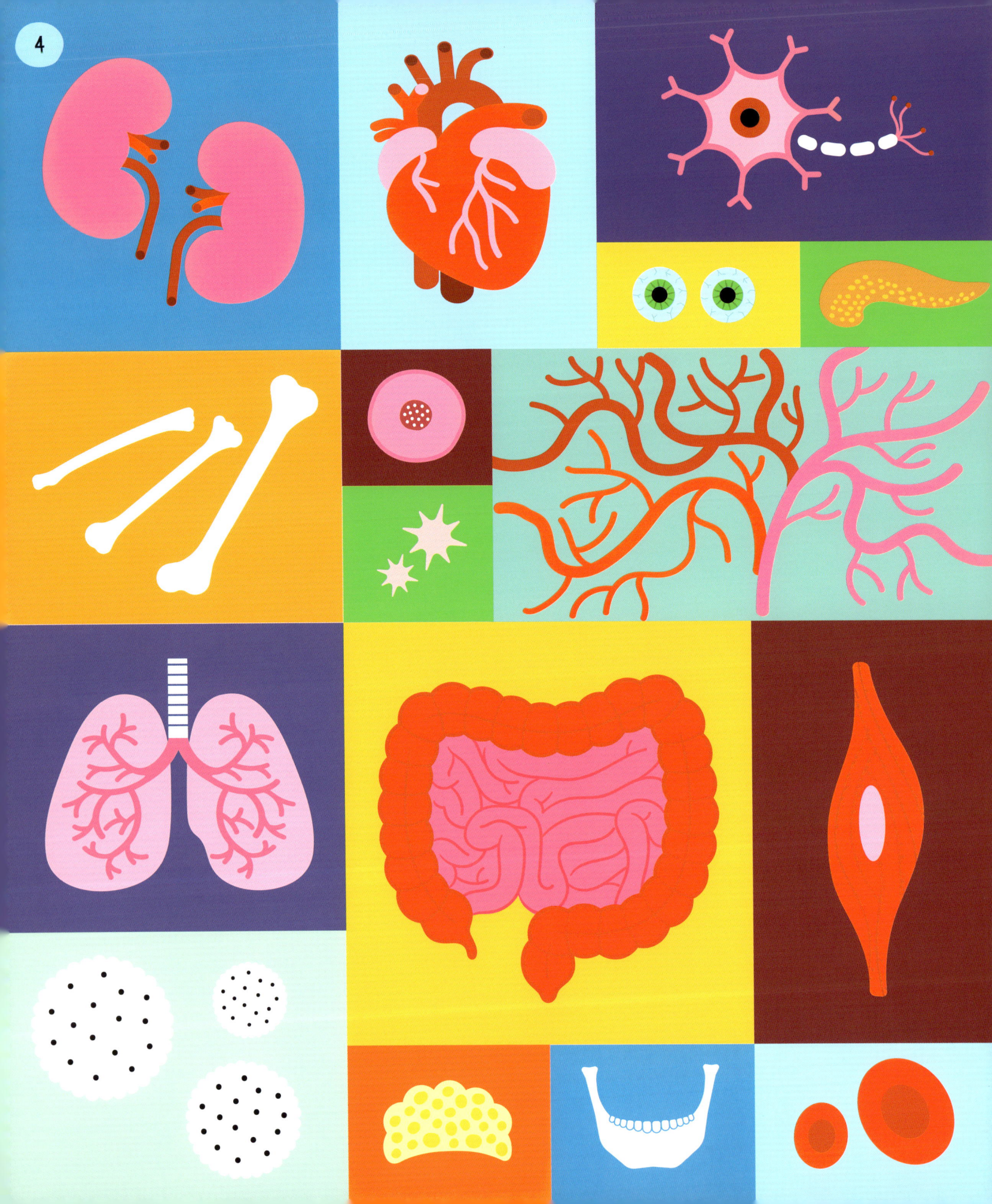

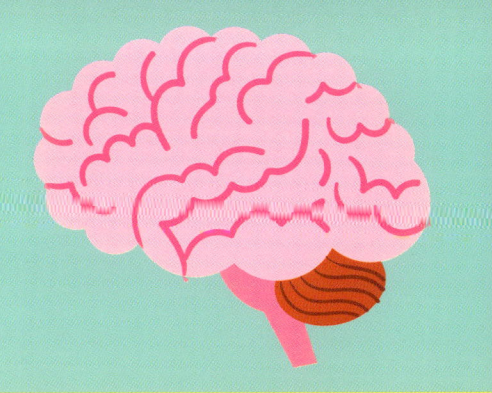

인체를 만드는 방법

자자, 진정하세요. 사실 아무것도 없이 인체를 만들 수는 없어요. 하지만 만들 수 있다면 어떻게 될지 상상하는 건 재미있잖아요? 끈적끈적 질척질척한 것들과 뼈, 근육, 냄새나는 각 부분을 끼워 맞춰 제 기능을 하게 만들 수 있을까요? 여러분은 쓸개와 복장뼈, 콩팥, 송곳니를 구별할 수 있을까요? 뇌를 인체의 나머지 부분과 어떻게 연결할 수 있을까요? 인체가 만들어 내는 노폐물은 모두 어디에 저장할까요?

이 책에서 처음부터 인체가 만들어지는 과정을 상상해 보아요. 인체의 주요 부분을 속속들이 탐험하고, 각 부분이 무슨 일을 하는지 알아보아요. 또 각 부분이 어떻게 연결되어 저 신기한 계통을 이루고 어떤 식으로 인체에 놀라운 능력을 부여하는지 알아보아요. 그리고 그게 다가 아니에요. 인체가 제 기능을 유지하도록 관리하는 법도 배울 거니까요. 지금부터 즐거운 인체 여행을 시작합니다!

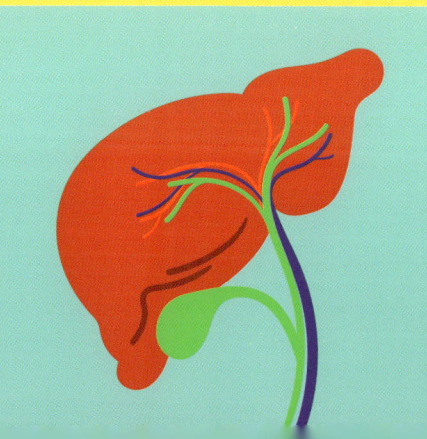

재료

인체는 놀라운 기계랍니다. 인체를 만들려면 믿을 수 없을 만큼 다양한 재료와 부품이 필요해요. 우선 눈 2개와 귀 2개, 코, 발가락 10개 등 겉으로 보이는 여러 가지 부분이 있어요. 그 다음에는 머리에 머리털이 10만 개가 있고, 몸 전체에는 5백만 개의 털이 있어요. 이건 시작일 뿐이에요. 모든 것을 감싸는 탄력 있는 피부 아래에는 훨씬 많은 것이 있으니까요!

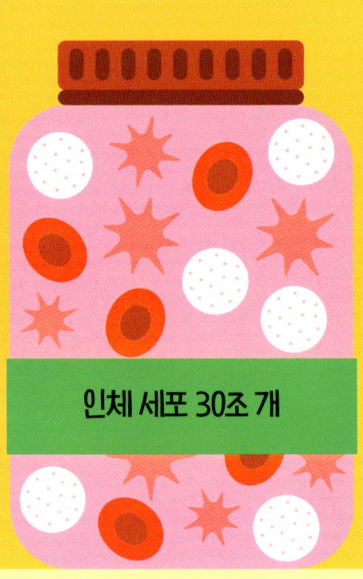

인체 세포 30조 개

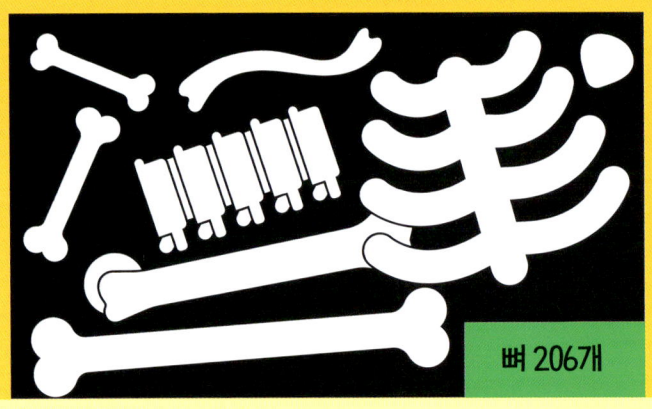

뼈 206개

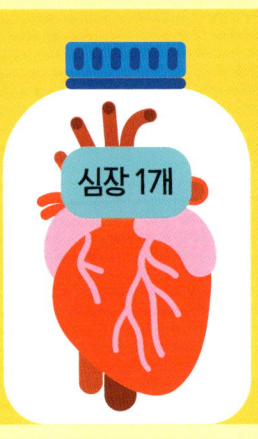

심장 1개

간 1개, 쓸개 1개

지라(비장) 1개

이(치아) 32개

혈액(피) 4~6리터

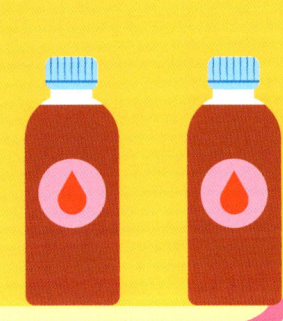
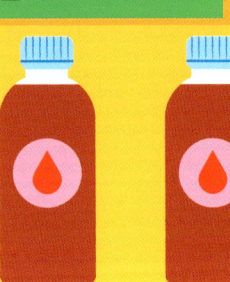

근육 6507개

혈관(핏줄) 100,000킬로미터

가슴샘, 갑상샘, 콩팥 위샘(부신)

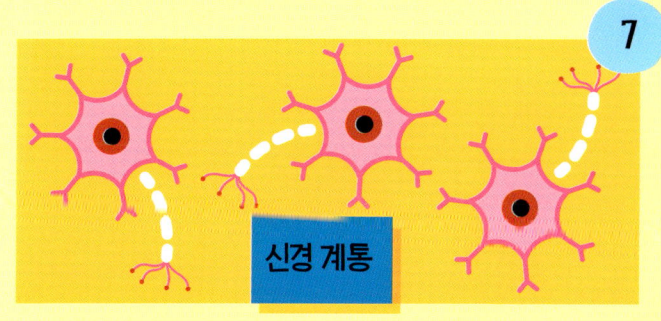
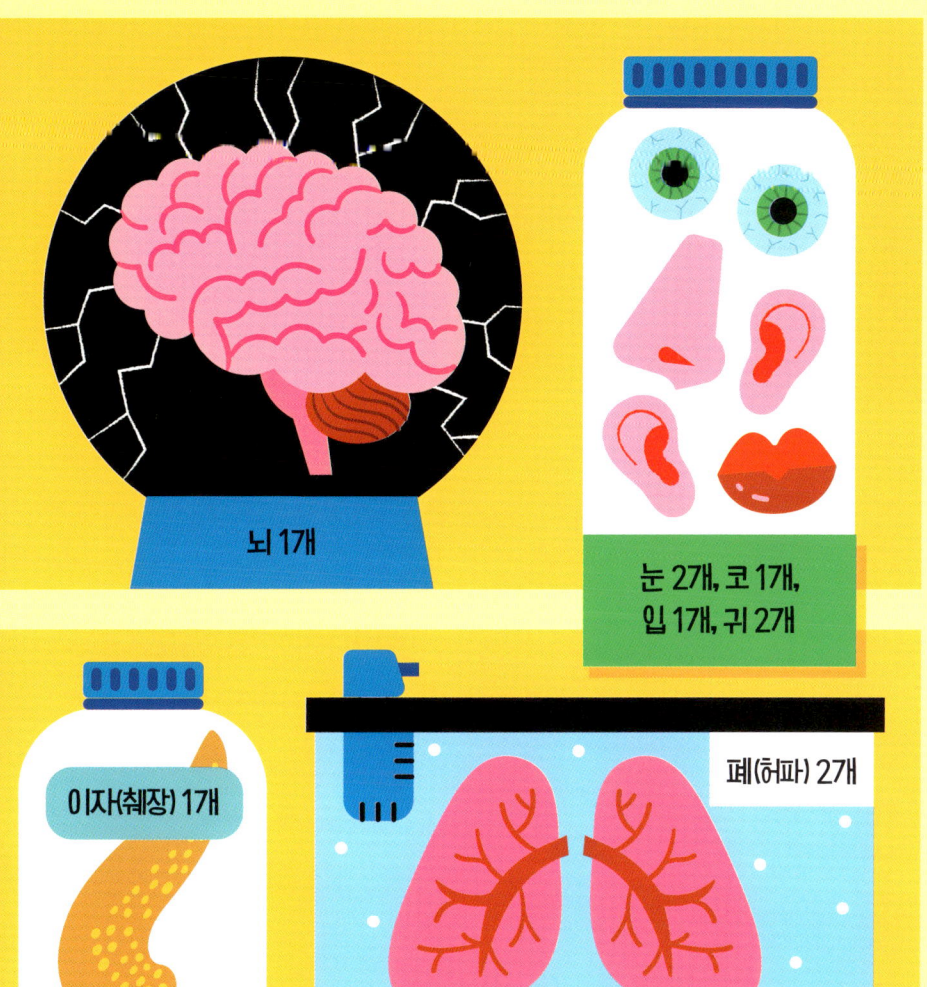

구성 요소

세포는 살아있는 모든 동물과 식물을 구성하는 기본 단위예요. 사람 몸에 있는 세포는 대부분 크기가 너무 작아서, 이 글에 있는 마침표 하나에 20~30개를 넣을 수 있을 정도랍니다. 그러고도 공간이 남아요! 그런 만큼 모든 인간이 작디작은 세포 하나에서 시작되었다는 사실은 쉽게 다가오지 않아요. 이 세포가 나뉘어 두 개가 되고, 두 개가 다시 네 개로 나뉘고 또 그 두 배가 되는 식으로 계속 나뉘어요.

세포가 나뉘고, 나뉘고 …
○ + ○ = 2

… 늘어나고, 늘어나고
○○ + ○○ = 4

또 늘어난 끝에 …
○○○○○ + ○○○ = 8

… 성인이 되면 세포 수가 약 30조 개나 된답니다!

세포의 종류

인체에는 몇 가지 종류의 세포가 필요하다고 생각하나요? 열 가지? 스무 가지? 인체를 만들려면 200가지가 넘는 세포가 필요해요. 그중 가장 중요한 몇 가지를 소개합니다.

혈액
적혈구는 산소를 운반하고 백혈구는 감염에 맞서 싸워요. 혈소판은 혈액(피)에서 발견되는 세포 조각들이에요.

뼈
삐죽삐죽한 뼈세포는 인체의 뼈를 강하고 단단하게 해 주어요. 또 새로운 뼈를 만드는 데에도 도움을 준답니다.

신경
신경 세포는 온몸으로 전기 신호를 전달해요. 뇌에는 850억 개가 넘는 신경 세포가 있답니다!

세포란 뭘까요?

세포는 생명체 안에서 작동하는 가장 작은 부분이에요. 이 작디작은 화학 물질 덩어리 안에는 핵이 하나씩 들어 있어요. 핵은 세포의 나머지 부분이 제 역할을 하도록 감독해요. 핵을 둘러싼 젤리 같은 물질은 세포질이라고 해요. 세포를 둘러싼 얇은 벽은 세포막으로, 어떤 것은 세포 안으로 들어오게 하고 또 어떤 물질은 밖으로 나가게 한답니다.

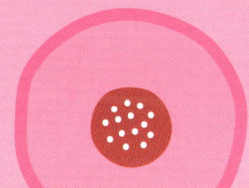

옛날 옛적에 나는 세포 한 개에 지나지 않았어요!

우아!

근육
가늘고 길고 튼튼한 근육 세포가 모여 인체를 움직이는 근육을 이루어요.

지방
지방 세포는 풍선처럼 부풀 수 있어요. 지방을 저장하는데, 지방은 인체에서 쓰이는 훌륭한 에너지원이에요.

피부
피부 세포는 2~4주밖에 살지 못하지만, 외부 환경으로부터 인체를 보호하는 중요한 일을 해요.

세포와 인체 기관

보기에는 혼란스러울지 몰라도, 인체는 놀랍기 그지없는 조직력을 자랑한답니다. 수천 개의 부분으로 이루어지는데, 어떤 것은 단단하고 거칠고 또 어떤 것은 부드럽고 질척질척해요. 이런 것들이 모여 각기 중요한 역할을 하는 여러 가지 계통을 구성해요. 인체의 여러 계통은 서로 도우면서 인체가 원활하게 작동하게 하고 최상의 상태를 유지하게 해요. 인체 조립이 정말로 가능하다면, 한 번에 하나씩 계통을 만들어 나가는 게 좋을 거예요.

세포

근육 세포

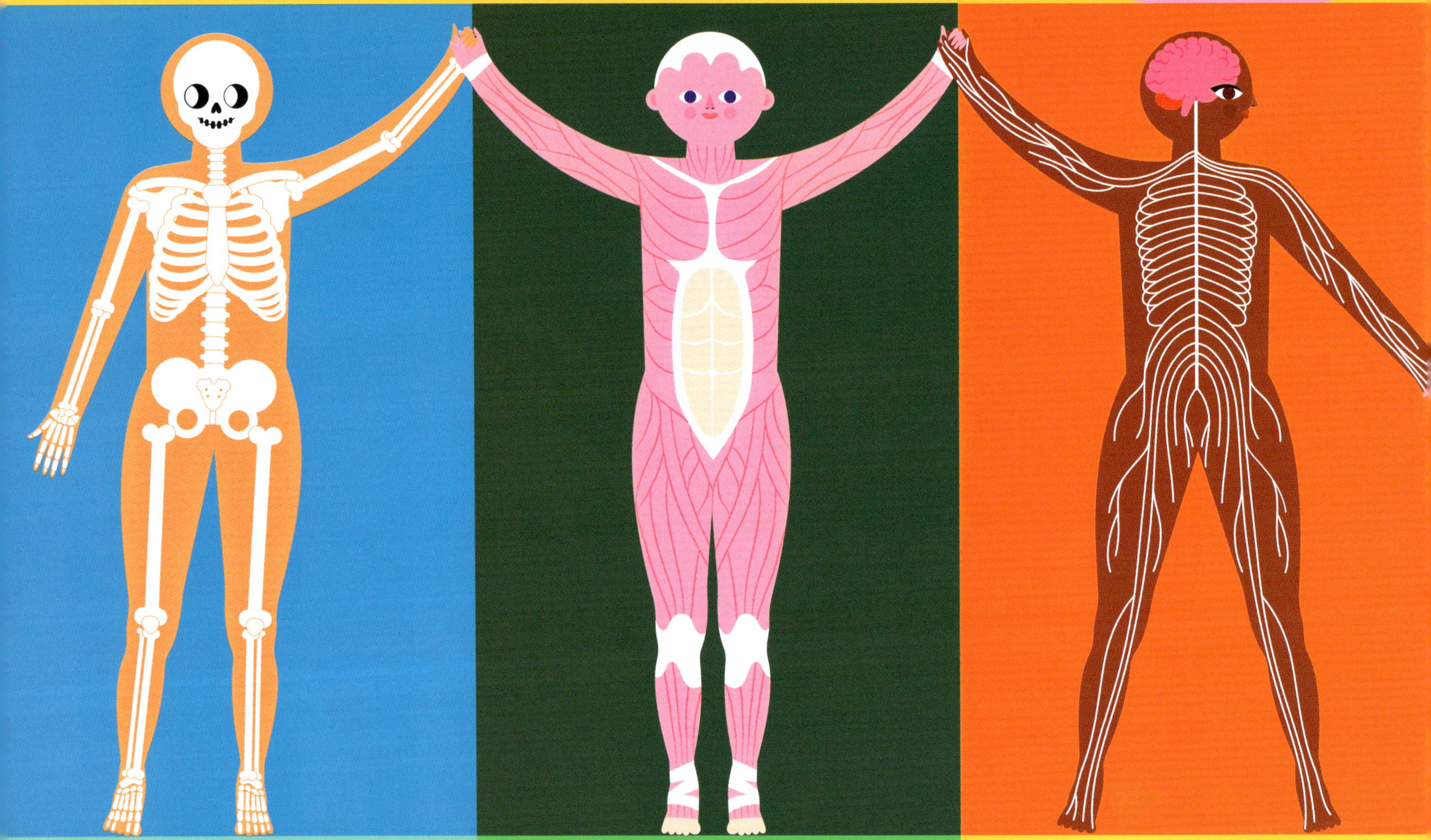

뼈대 계통

몸무게는 뼈로 이루어진 뼈대(골격)로 지탱해요. 뼈대 계통은 인체의 모양을 만들고, 움직임을 가능하게 하며, 심장을 비롯한 중요한 기관을 보호해요.

근육 계통

이 놀라운 계통 덕분에 우리는 힘과 근력을 내고 움직일 수 있어요. 6백 개가 넘는 근육이 인체 부위를 이리저리 당김으로써 우리가 움직일 수 있는 거예요.

신경 계통

이 정보망은 수백만 개의 작디작은 전기 신호를 뇌와 주고받으면서 뇌가 인체의 모든 부분을 감지하고 제어할 수 있게 해 준답니다.

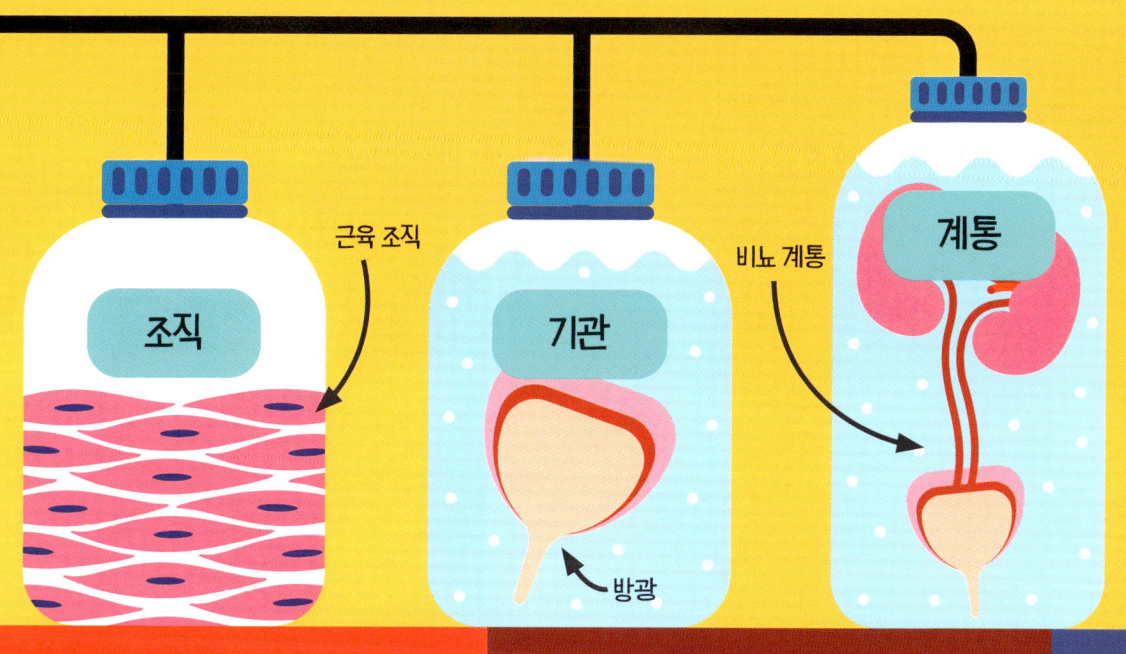

세포에서 계통으로

비슷한 세포가 모여 근육을 비롯한 조직을 이루어요. 여러 조직이 결합하여 방광을 비롯한 중요한 기관을 이루어요. 인체 기관은 계통 안에서 다른 조직이나 기관과 함께 작용해요. 예컨대 방광은 인체 내의 액체 노폐물을 제거하는 비뇨 계통에 속해요.

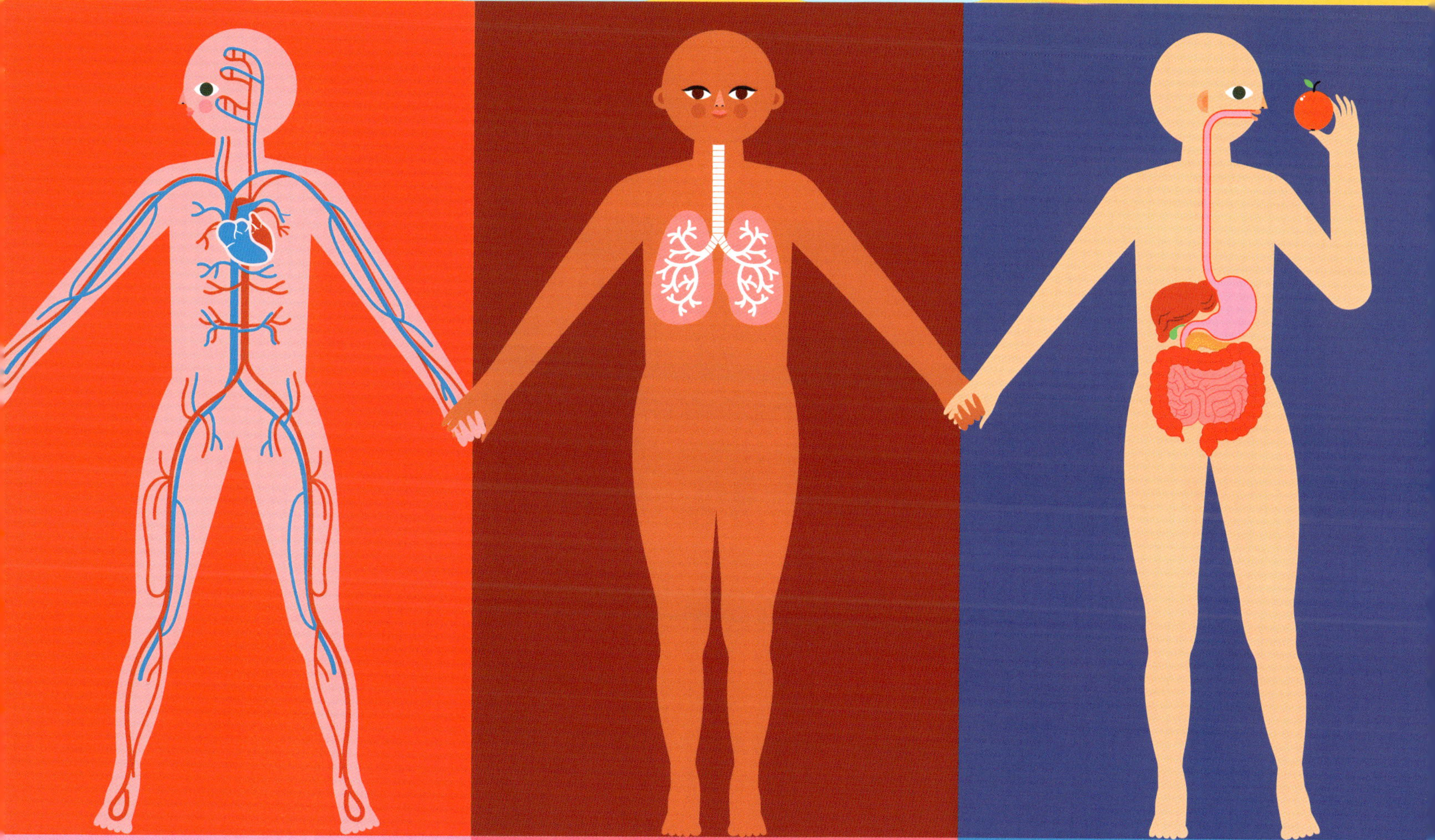

순환 계통

혈액은 그물처럼 복잡하게 얽힌 혈관을 타고 인체의 모든 곳을 돌아다녀요. 가슴에서 심장 근육이 지치지도 않고 혈액을 펌프질하여 내보내요.

호흡 계통

매일 8천~9천 리터의 공기가 호흡 계통을 통해 인체로 들어와요. 공기를 따라 산소가 몸 안으로 들어오고 이산화탄소가 몸 밖으로 나간답니다.

소화 계통

소화 계통은 음식을 분해하여 인체가 에너지를 만들 수 있게 해 주어요. 인체는 음식으로부터 영양소를 흡수하여 튼튼하고 건강하게 유지된답니다.

놀라운 뼈대

인체가 흐물흐물하지 않으려면 안에 골격, 즉 뼈대가 있어야 해요. 뼈대는 인체를 떠받치고 보호하고 움직여요. 뼈대는 갖가지 크기와 모양을 한 수많은 뼈로 이루어져요. 뼈는 놀라운 물질이에요. 여러 가지 금속보다 가벼우면서도 더 튼튼해요. 더욱이 다른 물질과는 달리 뼈는 살아 있어요. 손상되면 스스로 복구할 수 있답니다.

아기는 3백 개 정도의 뼈를 가지고 태어나지만, 자라면서 그중 많은 뼈가 서로 합쳐져요. 일반적인 어른은 총 206개의 뼈를 가지고 있어요.

잘 휘는 척추

성인은 등에 24개의 불규칙한 모양의 뼈가 있는데 이것을 척추라고 불러요.
뼈를 높다랗게 쌓은 것 같은 척추는 튼튼하면서도 유연해요.

뼈는 몇 개일까요?

48 + 32 + 90 + 36 = 206
납작뼈 짧은뼈 긴뼈 불규칙뼈 합계

48 납작뼈

납작뼈는 머리뼈와 가슴우리를 형성하여 중요한 부분을 보호하는 갑옷 역할을 해요. 또 근육이 붙을 수 있는 자리가 되어 주어요.

32 짧은뼈

손목과 발목에는 짧은 뼈가 많이 있어서, 서로 겹치면서 손발이 움직일 수 있게 해 주어요.

놀라워요!

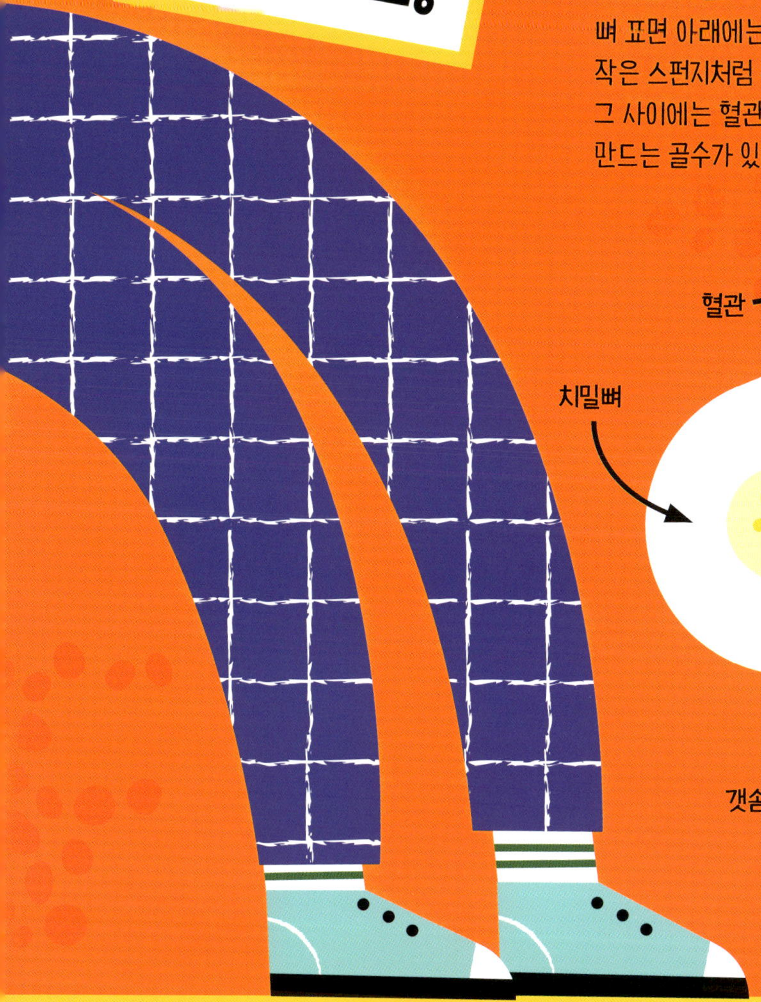

뼈 안에는 무엇이 있을까요?
뼈 표면 아래에는 단단하고 치밀한 뼈층이 있고, 그 아래에는 작은 스펀지처럼 구멍이 가득한 가벼운 뼈(갯솜뼈)가 있어요. 그 사이에는 혈관이 있고, 1초에 2백만 개씩 적혈구를 만드는 골수가 있어요.

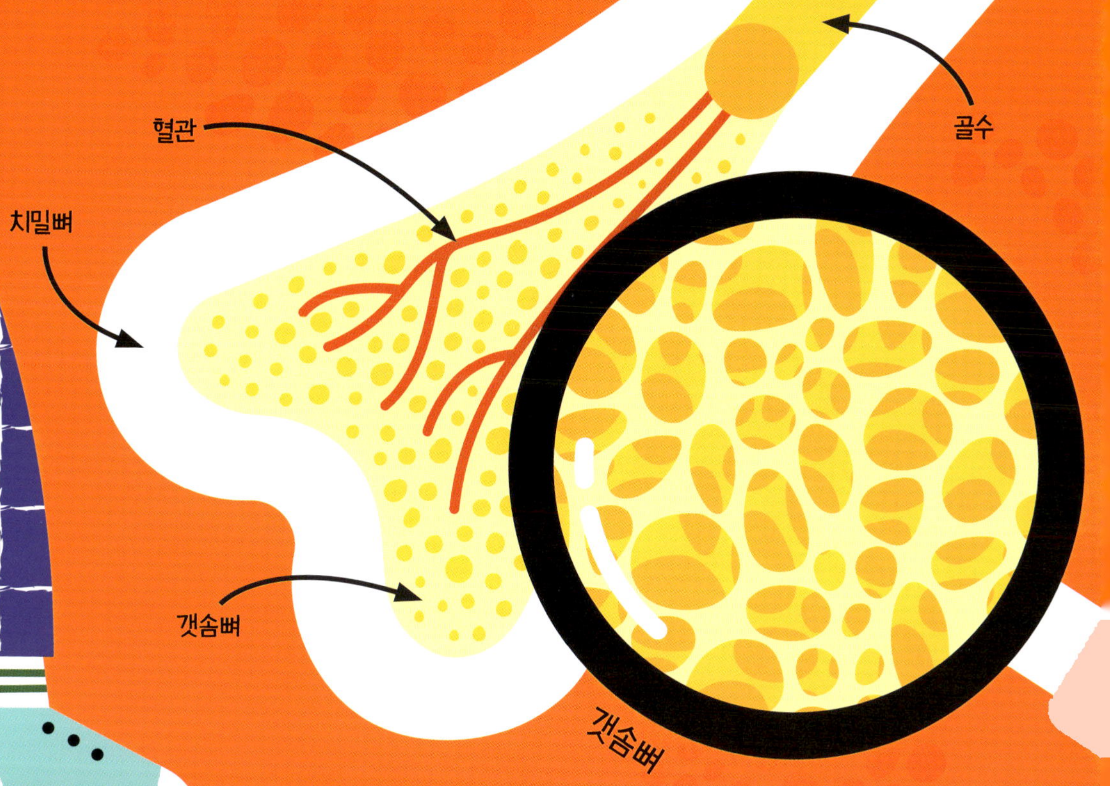

- 치밀뼈
- 혈관
- 골수
- 갯솜뼈

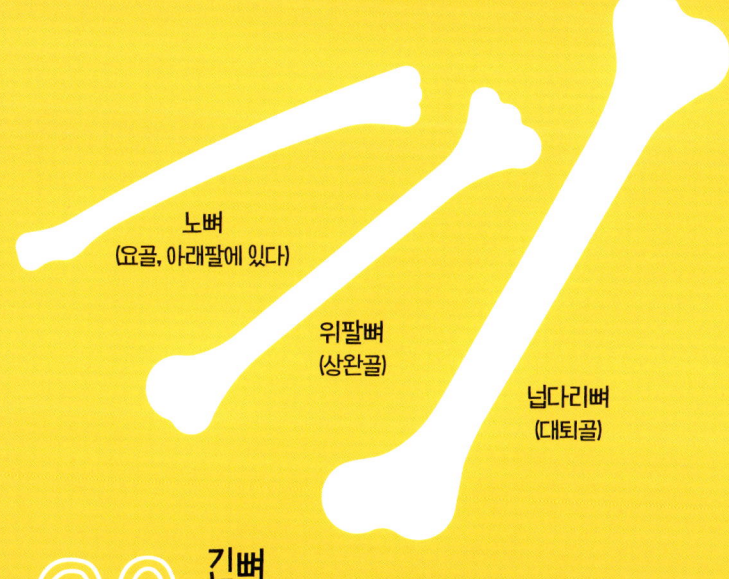

90 긴뼈
긴뼈는 주로 팔, 다리, 손가락에서 볼 수 있어요. 가장 긴 뼈는 넙다리뼈로, 사람 키의 4분의 1 정도 된답니다.

- 노뼈 (요골, 아래팔에 있다)
- 위팔뼈 (상완골)
- 넙다리뼈 (대퇴골)

36 불규칙 뼈
척추를 이루는 척추뼈, 얼굴의 뼈, 아래턱뼈 등 다양한 뼈가 불규칙 뼈에 속해요.

- 아래턱뼈 (하악골)
- 엉치뼈 (천골)
- 허리뼈 (요추)

갈비뼈나 척추뼈, 손가락뼈, 발가락뼈가 더 많은 사람도 있어요!

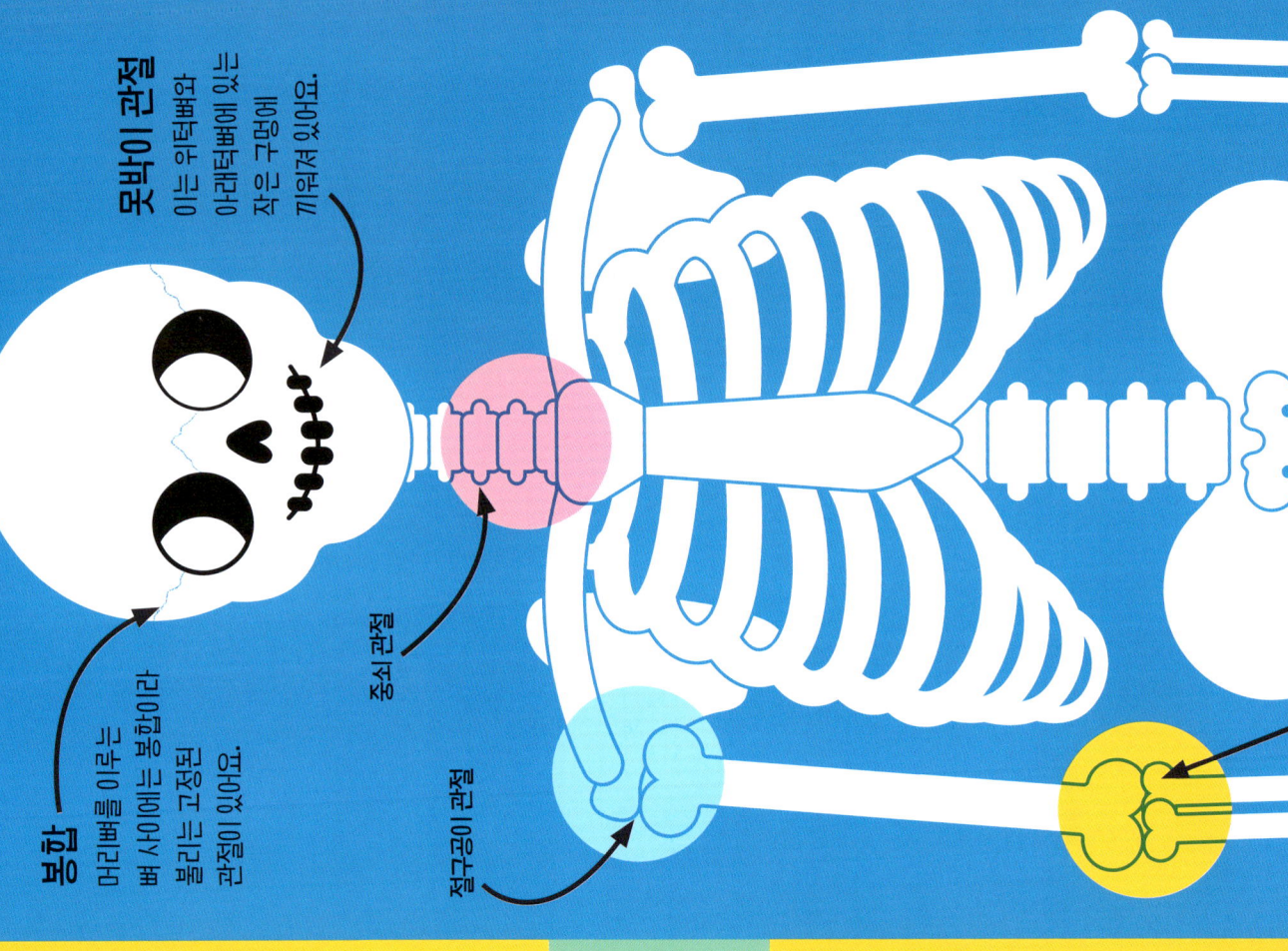

인간의 뼈대

못박이 관절 이는 위턱뼈와 아래턱뼈에 있는 작은 구멍에 끼워져 있어요.

봉합 머리뼈를 이루는 뼈 사이에는 봉합이란 불리는 고정된 관절이 있어요.

중쇠 관절

절구공이 관절

경첩 관절

거대한 퍼즐

인간의 뼈대(골격)는 거대하고 복잡한 3차원 퍼즐과 같답니다. 인체에는 뼈 206개 중 절반이 넘는 수가 손과 발에 있어요. 또 척수에 뼈가 24개 있고, 가슴우리(흉곽)에도 24개가 있어요. 그리고 팔, 다리, 어깨, 머리, 골반에도 뼈가 있어요. 뼈는 하나하나가 다 중요하고 제자리에 꼭 들어맞아야 해요. 뼈와 뼈가 만나는 부분을 관절이라고 해요. 머리뼈처럼 고정된 관절도 있고, 뼈가 자유로이 움직이는 관절도 있어요.

움직이는 관절

관절은 종류에 따라 움직이는 정도가 달라요. 뼈를 고정하면서, 근육이 뼈를 당겨 움직일 수 있게 해 준답니다.

절구공이 관절

어깨나 엉덩이에서 볼 수 있는 절구공이 관절은 팔과 다리를 거의 모든 방향으로 자유로이 움직일 수 있게 해 주어요.

경첩 관절

무릎이나 팔꿈치, 손가락에 있는 경첩 관절은 문에 달린 경첩과 마찬가지로 한 방향으로만 움직일 수 있게 해 주어요.

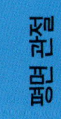
평면 관절

융기 관절

안장 관절

발
각 발에는 뼈가 26개씩 있어요. 이 뼈들이 33개의 관절을 이루며, 많은 수의 작디작은 인대가 이 뼈들을 제자리에 고정해 주어요.

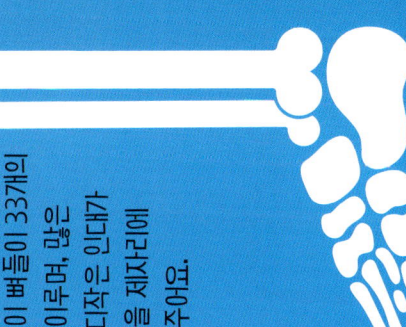

융기 관절

손목이나 발목에 있는 융기 관절은 절구공이 관절과 비슷하지만, 움직이는 범위가 그보다 좁아요.

안장 관절

안장 관절도 전후좌우로 움직일 수는 있지만, 회전하거나 비틀리게끔 움직이지는 못해요.

평면 관절

평평한 뼈 표면을 따라 서로 미끄러지면서 약간만 움직일 수 있어요.

중쇠 관절

중쇠 관절에서는 한 뼈가 다른 뼈를 중심으로 회전하여, 목이나 손목, 팔뚝 따위가 좌우로 회전할 수 있게 해 주어요.

제자리에 고정
인대는 관절에서 뼈를 제자리에 고정하는 튼튼한 끈이에요. 끝에 매끄럽고 반질반질한 연골이 덮여 있는 뼈가 많은데, 연골은 뼈끼리 서로 마찰할 때 보호해 주어요.

보호
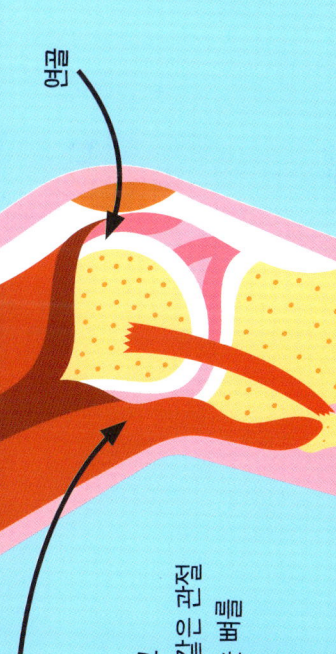
연골은 튼튼하고 유연해요. 무릎 같은 관절 안에서 움직이는 뼈를 보호해 주어요.

인대

근육은 달리고, 뛰어오르고, 물건을 집어 올리는 등 아주 다양한 동작을 할 수 있게 해 주어요.

움직이는 근육

코를 찡긋하는 작디작은 움직임부터 올림픽의 높이뛰기까지, 인체의 모든 부분은 움직일 때 근육이 필요해요. 귀에 있는 6.4밀리미터 길이의 등자근부터 엉덩이에 있는 커다란 볼기근(둔근)까지 인체의 근육은 그 크기가 다양해요. 근육은 수많은 섬유가 뭉쳐 만들어져요. 신경 신호가 오면 근육 섬유가 짧아지면서 인체의 한 부분을 당겨요. 근육은 당기기만 할 수 있어요. 밀지는 못 해요. 그래서 근육은 종종 쌍을 이루어, 하나는 한쪽 방향으로 당기고 다른 하나는 그 반대쪽으로 당긴답니다.

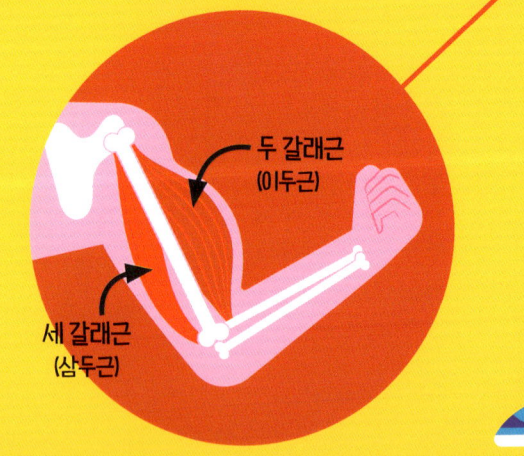

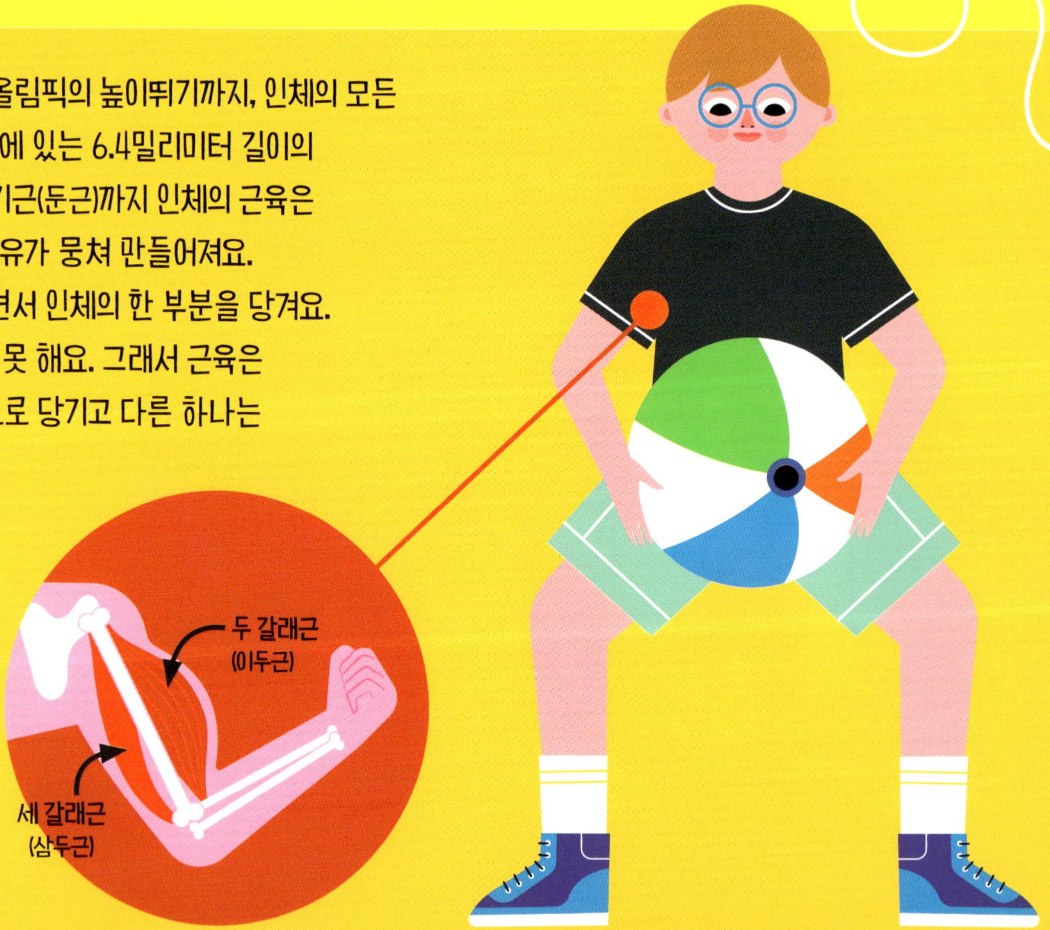

팔 들어 올리기
두 갈래근이 짧아지면서 아래팔을 들어 올려요. 세 갈래근은 느슨하게 이완된 상태를 유지해요.

두 갈래근 (이두근)
세 갈래근 (삼두근)

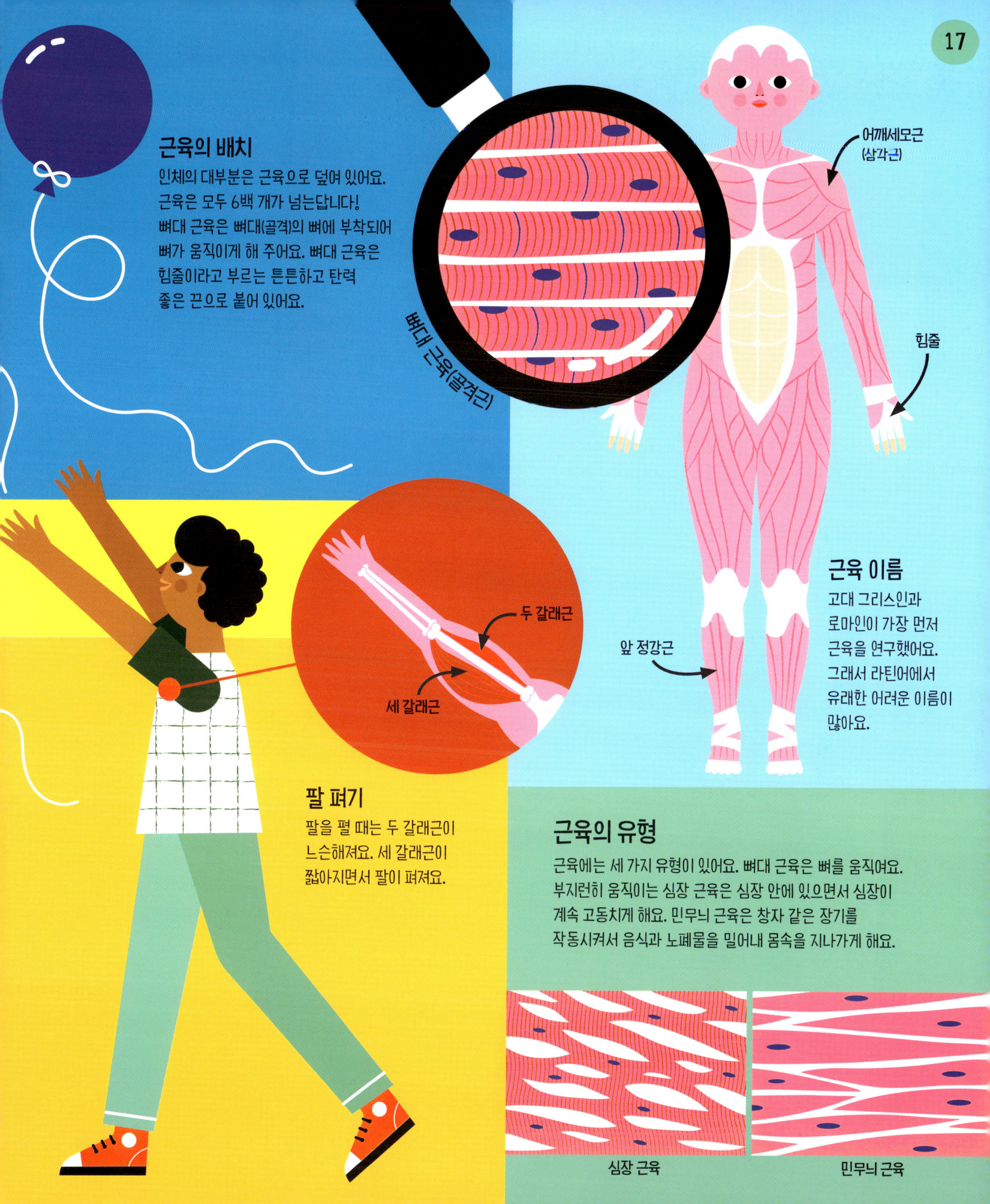

머리의 근육

목과 머리, 얼굴에는 50개가 넘는 크고 작은 근육이 있어요. 혀만 해도 근육이 8개가 있답니다! 어떤 근육은 음식을 깨물고 씹는 데 도움을 주어요. 또 어떤 근육은 눈을 움직이거나 깜박이거나 찡그리게 해요. 입 양쪽에는 볼근이라고 불리는 작은 근육이 하나씩 있어서 볼을 부풀리는 데 도움을 주어요.
머리에 있는 근육 중 많은 것이 피부 안쪽에서 얼굴 피부를 잡아당겨 갖가지 재미있는 얼굴 모양을 만들어 낸답니다.
과학자는 이것을 얼굴 표정이라고 부르는데, 말을 하지 않고도 다른 사람들과 소통하는 데 사용되어요. 그래서 사람들은 표정만 보아도 행복한지, 슬픈지, 화가 났는지, 놀랐는지, 뚱한지를 알 수 있어요.

행복한 미소
큰광대근은 행복한 근육이에요. 입꼬리를 당겨 미소를 짓게 해 주니까요.

크게 벌려요!
깨물근은 인체에서 가장 힘센 근육이에요. 다른 근육과 함께 턱과 입을 여닫는 작용을 해요.

윙크
인체에서 가장 빠른 근육인 눈둘레근은 0.1초도 되지 않는 시간에 눈꺼풀을 닫아 윙크를 하거나 눈을 깜박일 수 있어요.

키스를!
입둘레근이라는 둥그런 근육 덕분에 우리는 입맞춤을 할 때 입을 다물고 입술을 오므릴 수 있어요.

마음을 차분하게
가만히 있을 때조차 머리와 등의 근육은 눈을 감거나 머리를 똑바로 든 상태를 유지하는 식으로 일을 해요.

혀를 쏘옥!
표정을 짓거나 맛을 보기 위해 혀를 쏙 내밀려면 턱끝 혀근이라는 매우 두꺼운 근육이 필요해요.

행복한 얼굴
눈을 크게 뜨고 이마에 주름을 잡는 얼굴부터 활짝 웃는 얼굴까지, 즐거운 표정을 지으려면 많은 근육이 필요해요.

화난 얼굴
화가 나면 얼굴 근육이 수축하면서 눈썹을 찡그리고 입을 아래로 내려요. 다른 근육들이 눈을 크게 뜨게 해요.

우는 얼굴
표정을 일그러뜨리고 눈물샘에서 눈물을 흘리며 흐느끼려면 12개의 근육이 필요해요.

정말?
의심스럽다는 표정을 지을 때는 많은 근육이 작용해요. 턱끝근은 그중 하나로, 턱을 위로 당긴답니다.

찡그린 얼굴
눈썹 주름근이 피부를 위로 당기면 두 눈썹 사이에 주름이 생겨요.

에취!
재채기를 할 때는 몸통과 가슴, 목, 눈썹에 있는 근육이 모두 작용해요. 그러는 동안 눈은 언제나 감겨 있답니다.

우아, 우아!
예상하지 못한 일이 일어나면 이마근이 이마를 당겨 눈썹을 올림으로써 놀라움이나 충격을 표현해요.

뇌

인체가 움직이려면 지시를 받아야 해요. 이때 지시를 내리는 것은 바쁘고 활발하게 움직이는 뇌가 하는 일이랍니다. 이 막강한 제어실은 2개의 반구로 나뉘어 있는데, 바로 좌뇌와 우뇌예요. 좌뇌와 우뇌는 서로 무엇을 하고 있는지를 알 필요가 있어요. 그래서 뇌들보(뇌량)라고 하는 2억 개의 신경 섬유 다발로 서로 연결되어 있어요.

뇌의 완충액

뇌의 크기는 작은 크기에서 중간 크기 정도의 브로콜리와 비슷해요. 뇌척수액이라 불리는 150밀리리터 정도 되는 액체에 감싸여 있어서 충격으로부터 보호받아요.

뇌의 주요 부분

뇌의 각 반구에는 대뇌겉질(대뇌피질)이라는 주름진 바깥층이 있어요. 각 반구는 네 개의 엽으로 나뉘고, 겉질 아래에는 인간이 의식하지 못하는 사이에도 중요한 역할을 하는 부분이 2개 있는데, 바로 소뇌와 뇌줄기(뇌간)예요.

이마엽

이마엽은 뇌가 계획을 세우고, 결정을 내리고, 새로운 발상을 떠올리고, 문제를 푸는 데 도움을 주어요. 대단하죠!

＋ 마루엽

마루엽은 미각과 촉각을 담당하고 인체가 복잡한 움직임을 해내도록 도와요.

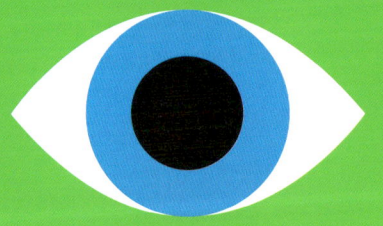

＋ 뒤통수엽

뒤통수엽은 예컨대 물체와 색을 인식하는 것처럼, 눈이 보내는 모든 정보를 처리해요.

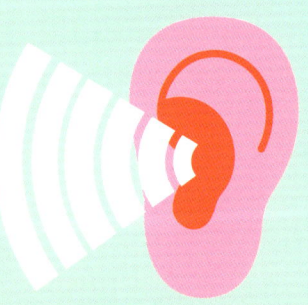

＋ 관자엽

관자엽은 청각과 언어 이해를 담당하고 오랜 기억을 형성하는 데 도움을 주어요.

← 뇌들보(뇌량)

뇌의 능력

뇌의 무게는 몸무게의 50분에 1밖에 되지 않지만, 전체 에너지의 5분의 1을 사용해요. 하는 일이 너무 많기 때문이에요. 뇌는 인체의 모든 감각을 처리하고, 생각하고, 발상을 떠올리며, 기억을 저장하고, 얼굴을 인식해요. 또 사실을 기억하고 음악을 연주하거나 자전거를 타는 등 뛰어난 기술을 배워요.

좌우 반전
뇌의 오른쪽 반구는 인체의 왼쪽을 제어하고, 왼쪽 반구는 인체의 오른쪽을 제어해요.

+ 소뇌
소뇌는 모든 근육을 제어하여 인체가 균형을 잡고 똑바로 서 있게 해요.

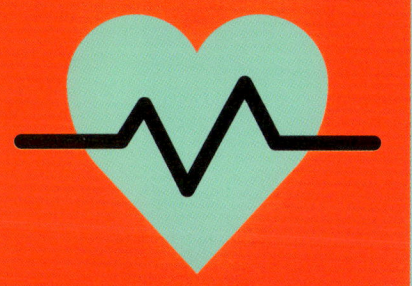

+ 뇌줄기
뇌줄기는 뇌와 인체를 연결해요. 또 호흡과 심장 박동, 삼키기를 제어해요.

= 뇌

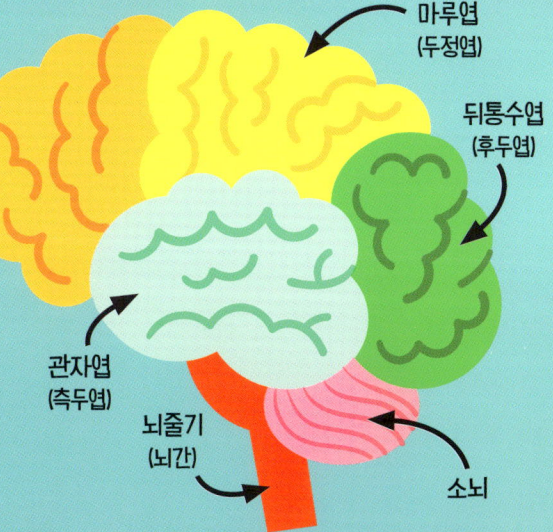

이마엽(전두엽) / 마루엽(두정엽) / 뒤통수엽(후두엽) / 관자엽(측두엽) / 뇌줄기(뇌간) / 소뇌

신경망

신경은 인체가 주로 사용하는 정보 전달 체계로, 인체에는 총 64킬로미터가 넘는 길이의 신경이 필요해요. 신경은 작디작은 전기 파동 형태로 매일 수백만 개의 신호를 보낸답니다. 신경은 각기 뉴런이라는 신경 세포로 이루어져요. 뉴런은 화학 물질을 사용하여 옆 뉴런으로 신호를 전달해요. 이 전달 체계는 매우 빨라요. 어떤 신호는 시속 400킬로미터 속도로 이동한답니다. 경주용 자동차보다도 빨라요!

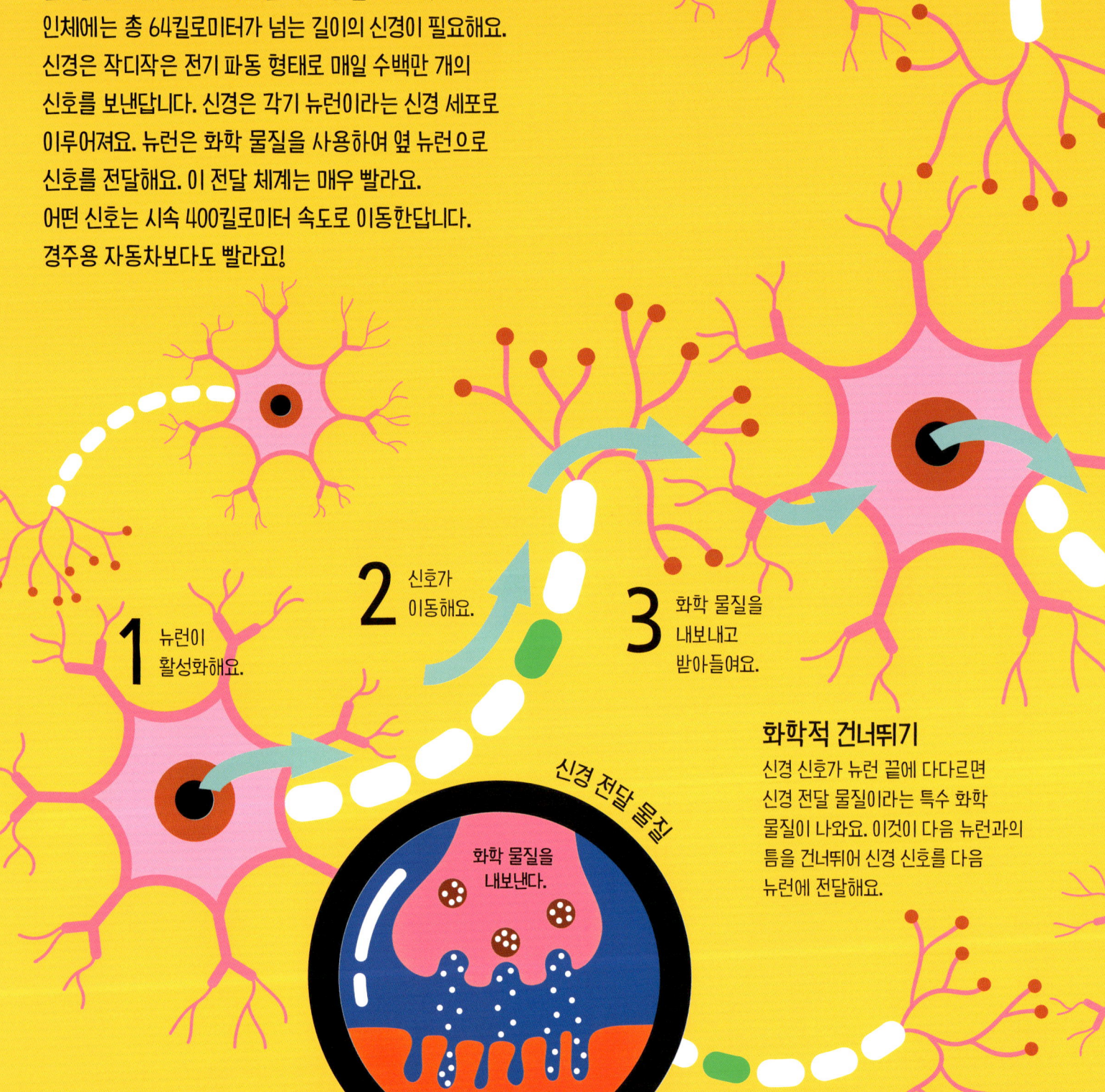

1 뉴런이 활성화해요.

2 신호가 이동해요.

3 화학 물질을 내보내고 받아들여요.

화학적 건너뛰기

신경 신호가 뉴런 끝에 다다르면 신경 전달 물질이라는 특수 화학 물질이 나와요. 이것이 다음 뉴런과의 틈을 건너뛰어 신경 신호를 다음 뉴런에 전달해요.

신경 전달 물질

화학 물질을 내보낸다.

화학 물질을 받아들인다.

전기로 작동해요! ⚡

연결
각 뉴런에는 가지돌기(수상돌기)라는 작디작은 가지가 나 있어요. 이 가지들은 수십 개의 다른 뉴런에서 신경 신호로 내보내는 화학 물질을 받아들일 수 있어요.

가지돌기
(수상돌기)

4 신호가 다음 뉴런을 따라 이동해요.

양방향으로 신호를 전달
신경은 인체의 각 부위로부터 뇌로 정보 신호를 운반해요. 인체 부위가 어떻게 움직이고 있는지 알려 주는 거예요. 그러면 신호를 받은 뇌는 신경을 따라 인체 각 부위로 수백만 개의 명령 신호를 내보내요.

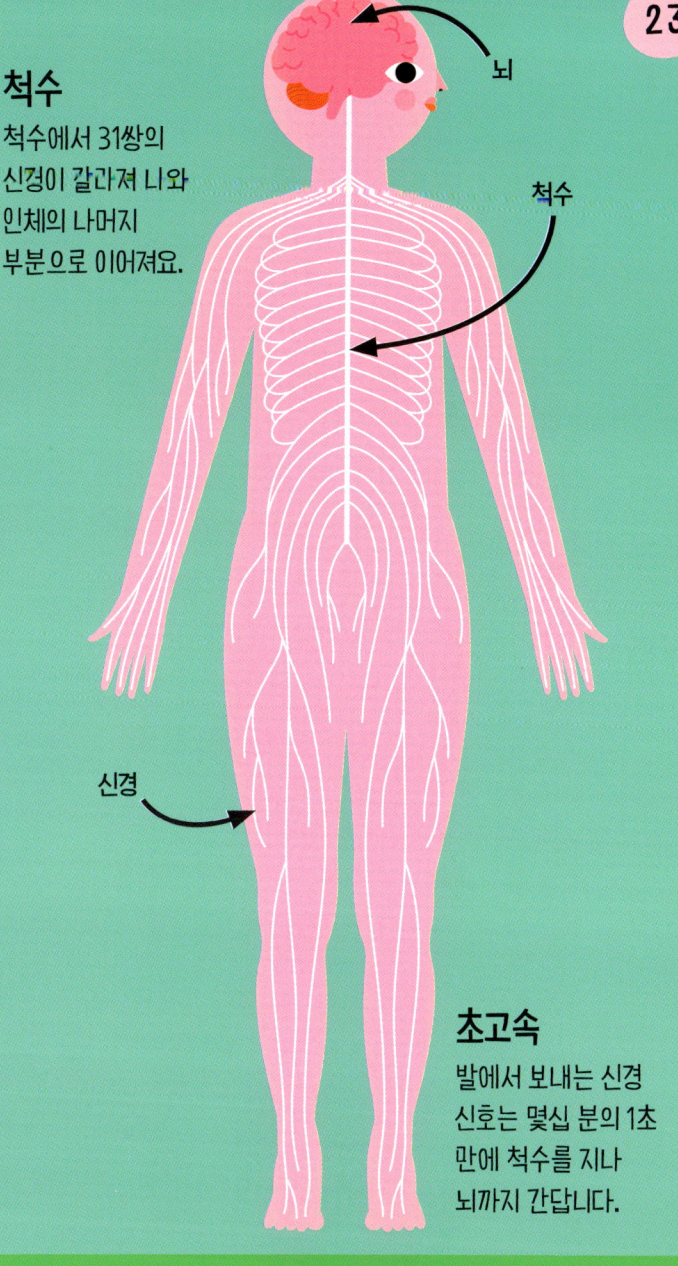

척수
척수에서 31쌍의 신경이 갈라져 나와 인체의 나머지 부분으로 이어져요.

뇌

척수

신경

초고속
발에서 보내는 신경 신호는 몇십 분의 1초 만에 척수를 지나 뇌까지 간답니다.

중추 신경 계통
뇌와 척수는 중추 신경 계통을 형성해요. 여기서 수십 가닥의 신경이 몸 곳곳으로 퍼져 나와 척수와 신호를 주고받아요.

반사 작용
척수는 날카롭거나 뜨거운 것이 있으면 그 인체 부위를 움츠리도록 명령해요. 이 반사 작용은 뇌를 거치지 않고 저절로 일어나요.

23

화학 신호

인체가 작동하려면 너무나 많은 신호와 정보가 필요하기 때문에 누군가가 신경 계통을 거들어 주어야 해요! 그래서 인체에는 또 하나의 정보 전달 장치가 있는데, 바로 내분비 계통이에요. 이 계통에서는 전기가 아니라 호르몬이라는 화학 물질을 이용해요. 호르몬은 인체 곳곳에 있는 갖가지 기관에서 분비되어요. 그렇지만 그 모든 것의 시작은 뇌예요. 뇌하수체는 완두콩 크기만 하지만 매우 강력한데, 이것이 샘이라는 기관에 명령을 보내요. 그러면 샘은 각기 자기가 맡은 호르몬을 내보내 특정 세포에게 무엇을 해야 하는지 알려 주어요.

혈당 조절
인체가 주로 사용하는 연료는 음식에 있는 포도당이에요. 이자에서 나오는 호르몬이 혈액 속의 포도당 양을 조절해요.

티 세포 훈련 교관
백혈구는 가슴샘의 훈련을 거쳐 티(T) 세포가 되어요. 티 세포는 혈액 속을 돌아다니며 질병과 감염에 맞서 싸워요.

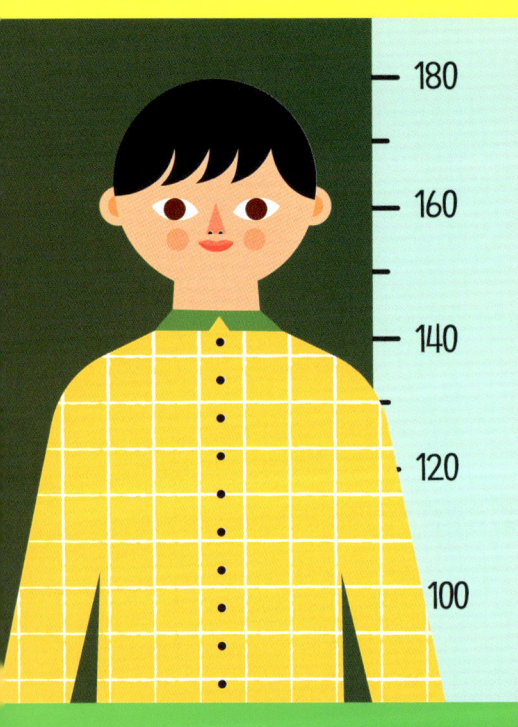

자라라, 자라라, 자라라
뇌하수체는 성장 호르몬을 만들어 내요. 이 호르몬은 뼈와 연골의 성장을 촉진해요.

일정한 상태로 유지
시상 하부는 뇌하수체의 활동을 조절해요. 기복이 없이 인체의 균형을 유지하는 데 도움을 주어요.

출동 준비 완료!
스트레스를 받거나 겁이 나면 콩팥 위샘의 호르몬이 심장 박동을 빠르게 하는 에너지를 만들어요.

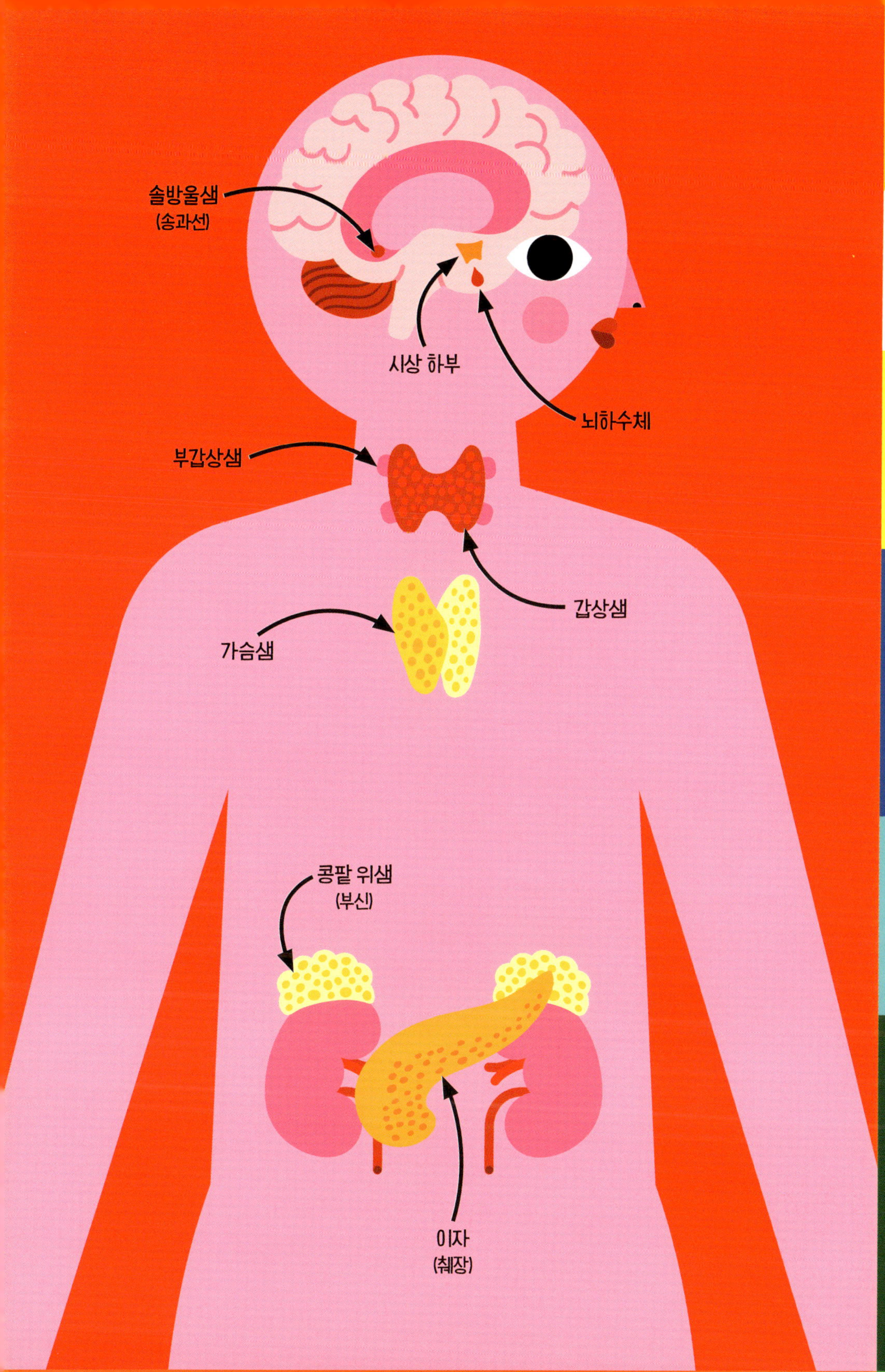

솔방울샘
(송과선)

시상 하부

뇌하수체

부갑상샘

갑상샘

가슴샘

콩팥 위샘
(부신)

이자
(췌장)

인체 시계
솔방울샘은 멜라토닌을 분비해요.
이 호르몬은 인체가 졸리고 깨어날 때를
조절해요.

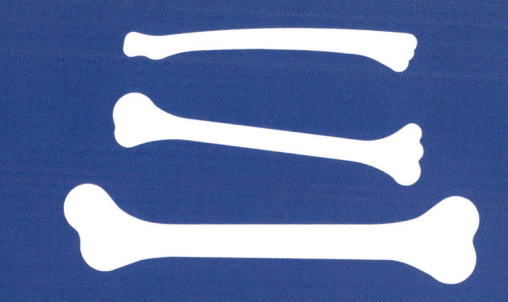

칼슘 조절 장치
뼈는 건강을 유지하기 위해 많은 양의
칼슘이 필요해요. 부갑상샘은 혈액 속의
칼슘 양을 관리해요.

정보 전달하는 전령들
인체의 여러 샘에서 만드는 호르몬은 40가지가 넘어요. 대부분의 호르몬은
명령을 내리려는 세포까지 혈관을 타고 이동해요.
시상 하부는 뇌와 내분비 계통을 연결해 주어요.

체온과 에너지 사용
갑상샘은 세포의 작동 속도와 에너지
사용량을 조절해요. 또 체온도 조절해요.

시각과 눈

시각은 인체에서 가장 놀라운 감각 중 하나랍니다. 눈은 세계를 내다보는 창과 같아서, 작디작은 곤충부터 가장 큰 산까지 모든 것을 보게 해 주어요.
두 개의 눈알이 머리뼈에 있는 눈확, 즉 눈구멍 안에 꼭 맞게 들어 있어요.
눈에는 가운데에 동공이라는 구멍이 있고, 그 주위를 홍채라고 하는 색깔 있는 근육이 고리 모양으로 둘러싸고 있어요. 홍채 무늬는 지문처럼 사람마다 다 달라요.

놀라워요!

1 물체에서 나오는 빛이 눈 쪽으로 이동해요.

눈 안에서는
빛은 눈의 동공을 지나 눈 뒤쪽에 있는 망막에 다다라요. 거기서 막대 세포(간상 세포)와 원뿔 세포(원추 세포)가 빛을 감지하여 전기 신호로 바꿔요. 이 신호가 시각 신경을 따라 뇌로 이동하고, 뇌는 실제로 보이는 것을 해석해요.

3차원 시야
눈은 둘 모두가 앞을 향하기 때문에 거의 똑같은 장면을 보지만 시야가 서로 조금 달라요. 뇌는 이 차이를 이용하여 높이와 너비와 깊이가 있는 3차원 영상을 만들어요.

양쪽 눈의 시야 / 왼눈의 시야 / 오른눈의 시야

먼 것

초점 맞추기
작디작은 근육이 수정체의 모양을 바꾸어 가까이 있는 물체에 초점을 맞추고, 멀리 있는 물체도 똑같이 선명하게 볼 수 있어요.

2 빛이 각막과 동공을 지나요. 그런 다음 돋보기 역할을 하는 수정체가 눈 안에서 빛을 구부려 초점을 맞추어요.

3 망막에는 막대 세포와 원뿔 세포가 1억 개 이상 있어서 빛을 전기 신호로 바꾸어요. 망막에서는 상이 위아래로 뒤집혀 맺힌답니다.

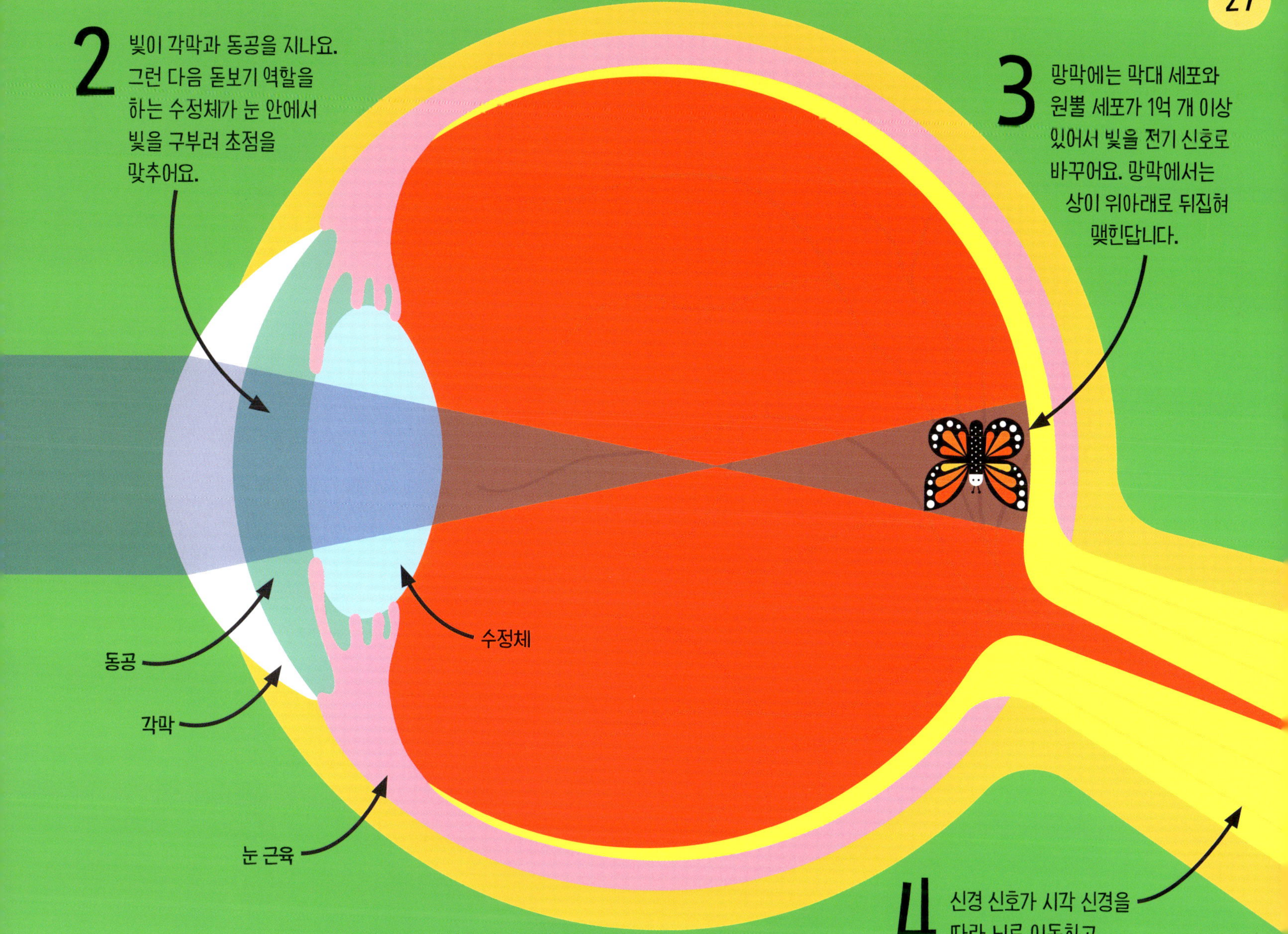

수정체
동공
각막
눈 근육

4 신경 신호가 시각 신경을 따라 뇌로 이동하고, 뇌는 뒤집힌 상을 다시 뒤집어 바로잡아요.

가까운 것

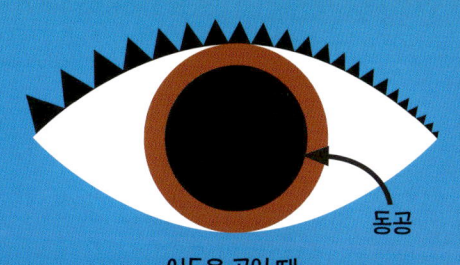

어두운 곳일 때 — 동공

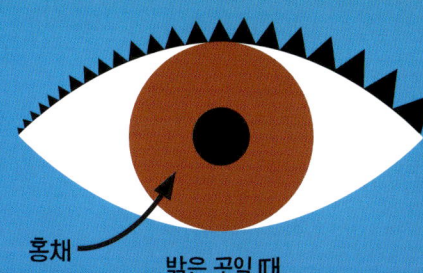

홍채 — 밝은 곳일 때

밝은 곳과 어두운 곳

밝은 곳에서는 홍채 근육이 동공을 수축하여 눈에 너무 많은 빛이 들어오지 못하게 막아 주어요. 어두운 곳에서는 홍채 근육이 동공을 활짝 열어 될 수 있는 대로 빛이 많이 들어오게 해요.

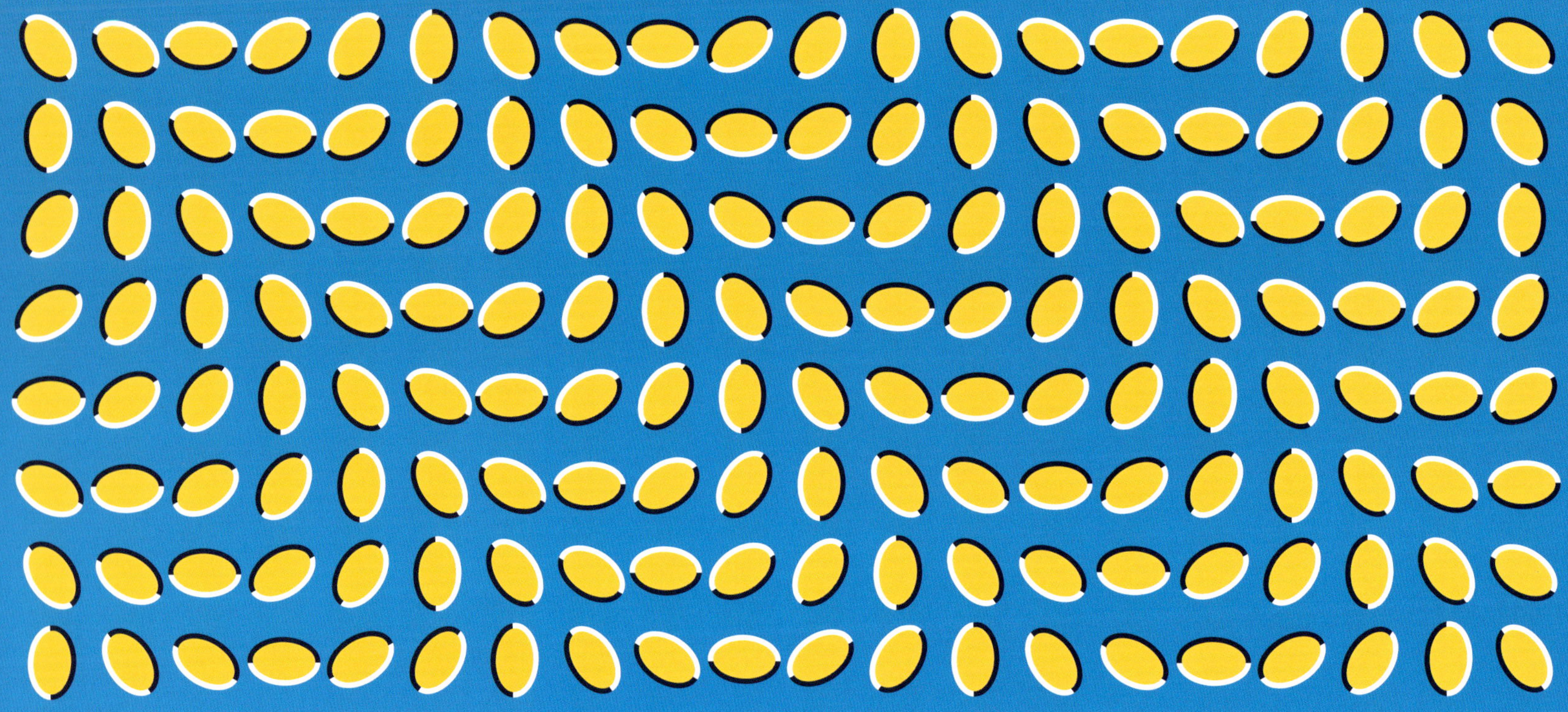

시력 검사

인체는 눈과 뇌를 모두 사용하여 사물을 보아요. 둘이 함께 작용하여 시각이라는 놀랍고도 강력한 감각을 갖게 되어요. 그렇지만 시각이 언제나 완벽하지는 않답니다. 어떤 눈은 안경이나 콘택트렌즈의 도움을 받아야 하고, 대부분의 사람은 착시에 잘 속아요. 어떤 착시는 눈이 사물을 보는 방식과 사물의 물리적 한계 때문에 생겨나요. 또 어떤 속임수와 착시는 뇌가 작용하는 방식 때문에 일어나요. 뇌는 눈으로부터 끊임없이 정보를 받아요. 그래서 뇌는 시간을 절약하기 위해 이따금 지름길 삼아 추측을 하는데, 바로 이때 실수가 일어날 수 있답니다.

움찔거리는 눈

위에 있는 그림을 보세요. 조금 있으면 나뭇잎들이 책이 아니라 동영상 속에 있는 듯이 흔들리는 것처럼 보여요. 희한하죠! 눈은 눈앞의 장면을 끊임없이 훑고 또 훑어보며 미세하게 움찔거려요. 이런 현상과 나뭇잎의 그림자 때문에 뇌가 나뭇잎이 움직인다고 착각하는 거예요.

뇌가 속아요

두 파란색 원 중 어느 쪽이 더 클까요? 오른쪽? 아니에요. 둘은 크기가 똑같답니다! 파란색 원을 둘러싼 흰색 원에 속아, 뇌가 파란색 원의 크기가 서로 다르다고 생각하는 거예요.

색맹 검사

어떤 사람의 눈은 특정 색의 차이를 구분하는 데 어려움을 겪어요. 그런 사람은 색맹일 수 있어요. 색맹 검사는 이것을 확인하는 데 유용한 방법이에요. 색맹이라면 특수한 안경이나 콘택트렌즈의 도움을 받을 수 있어요.

시력 검사

시력 검사를 통해 안경이 필요한지 알 수 있어요. 눈알의 모양이 조금 일그러졌으면 가까운 물체가 흐릿해 보일 수 있어요. 이런 눈을 원시라고 해요. 멀리 있는 물체를 보는 데 어려움을 겪는다면 근시예요.

청각과 귀

소리는 파동 형태로 공기를 따라 이동하는 진동이에요. 귀는 작은 소리나 큰 소리, 음악이나 말, 속삭이는 소리나 쾅 하는 큰 소리까지 모든 종류의 소리를 감지할 수 있어요. 머리 양쪽에 귀가 하나씩 있기 때문에, 인체는 소리가 귀에 닿는 시간 차이를 통해 어느 방향에서 소리가 오는지 알아낼 수 있어요. 소리 신호는 귀에서 신경을 타고 뇌로 전달돼요. 동시에 들리는 수많은 종류의 소리를 듣고 구분할 수 있는 것은 뇌 덕분이에요.

비틀거리지 않게!

귓바퀴

균형 유지

속귀의 여러 부분은 또 다른 감각인 균형을 유지하는 데 도움을 주어요. 반고리뼈관은 세 개의 작디작은 관으로서 모두 액체가 가득 들어 있어요. 머리가 움직이면 액체가 찰랑거리며 안뜰 신경(전정 신경)을 따라 뇌로 신호를 보내요. 뇌는 이 정보를 이용하여 인체를 조절하여 균형을 유지해요.

바깥귀

귓바퀴가 음파를 모아 바깥귀길이라는 좁은 관을 통해 고막으로 보내요. 신축성이 있는 고막은 음파가 닿으면 진동해요.

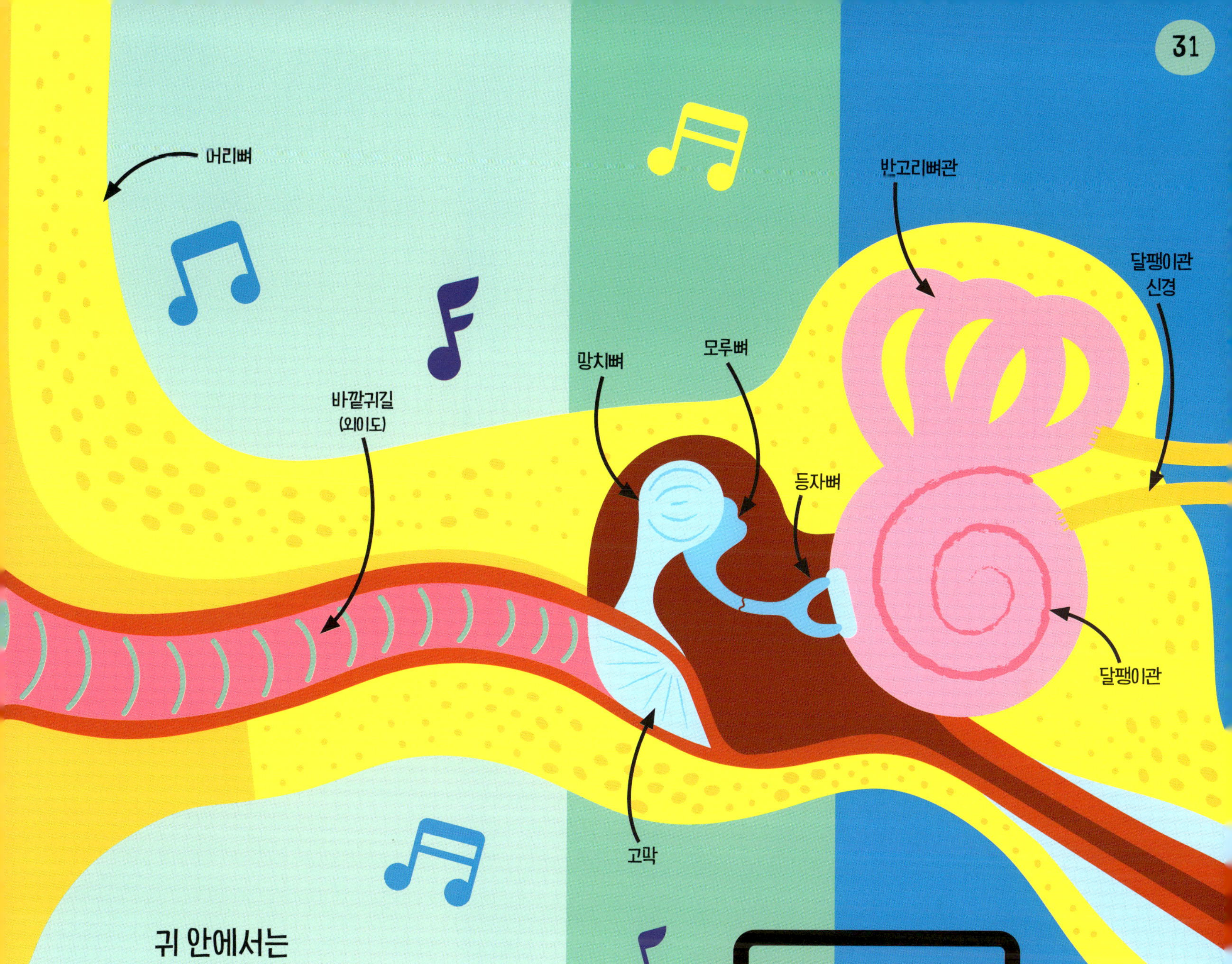

머리뼈
바깥귀길 (외이도)
망치뼈
모루뼈
반고리뼈관
달팽이관 신경
등자뼈
달팽이관
고막

귀 안에서는

귀는 바깥귀(외이), 가운데귀(중이), 속귀(내이)라는 세 부분으로 이루어져요. 음파는 이 세 부분을 따라 이동해요. 이동하는 동안 음파는 더 강해진 다음 전기 신호로 바뀌어 뇌로 전달되어요.

가운데귀

진동에 의해 망치뼈가 모루뼈를 건드리고, 모루뼈는 다시 등자뼈를 두들겨 진동이 더 강해져요.

속귀

달팽이관은 달팽이 집처럼 둥글게 말린 관으로, 안에는 액체가 가득 차 있어요. 진동은 달팽이관 안에 잔물결을 일으키고, 작디작은 털이 이 물결을 감지하여 뇌로 보낼 전기 신호로 바꾸어요.

후각과 미각

악취 나는 양말부터 달콤한 향수까지, 매운 고추부터 갓 구운 빵까지 인간은 다양한 냄새와 맛을 접해요. 그렇지만 그것을 느끼려면 코와 혀가 있어야 해요. 코 뒷부분에 있는 냄새 수용체 세포, 그리고 입 안과 혀에 있는 맛봉오리가 냄새와 맛을 느끼게 해 주어요. 함께 작용하는 이 두 감각 덕분에 인간은 갖가지 향과 맛을 즐길 수 있고, 연기나 상한 음식 같은 위험을 미리 알아차릴 수 있답니다.

냄새 감지
어떤 냄새 입자는 콧구멍을 통해 코로 들어가요. 또 어떤 입자는 음식을 씹을 때 음식에서 나와서 목을 거쳐 코 안으로 들어가요.

맛
맛봉오리는 단맛부터 감칠맛까지 다섯 가지 기본 맛을 인식해요. 감칠맛이란 고기나 버섯, 치즈 등에서 느낄 수 있는 깊은 맛을 가리켜요. 우리 몸이 느끼는 온갖 풍미는 이 다섯 가지 기본 맛이 조합된 거랍니다.

짠맛

신맛

단맛

쓴맛

감칠맛

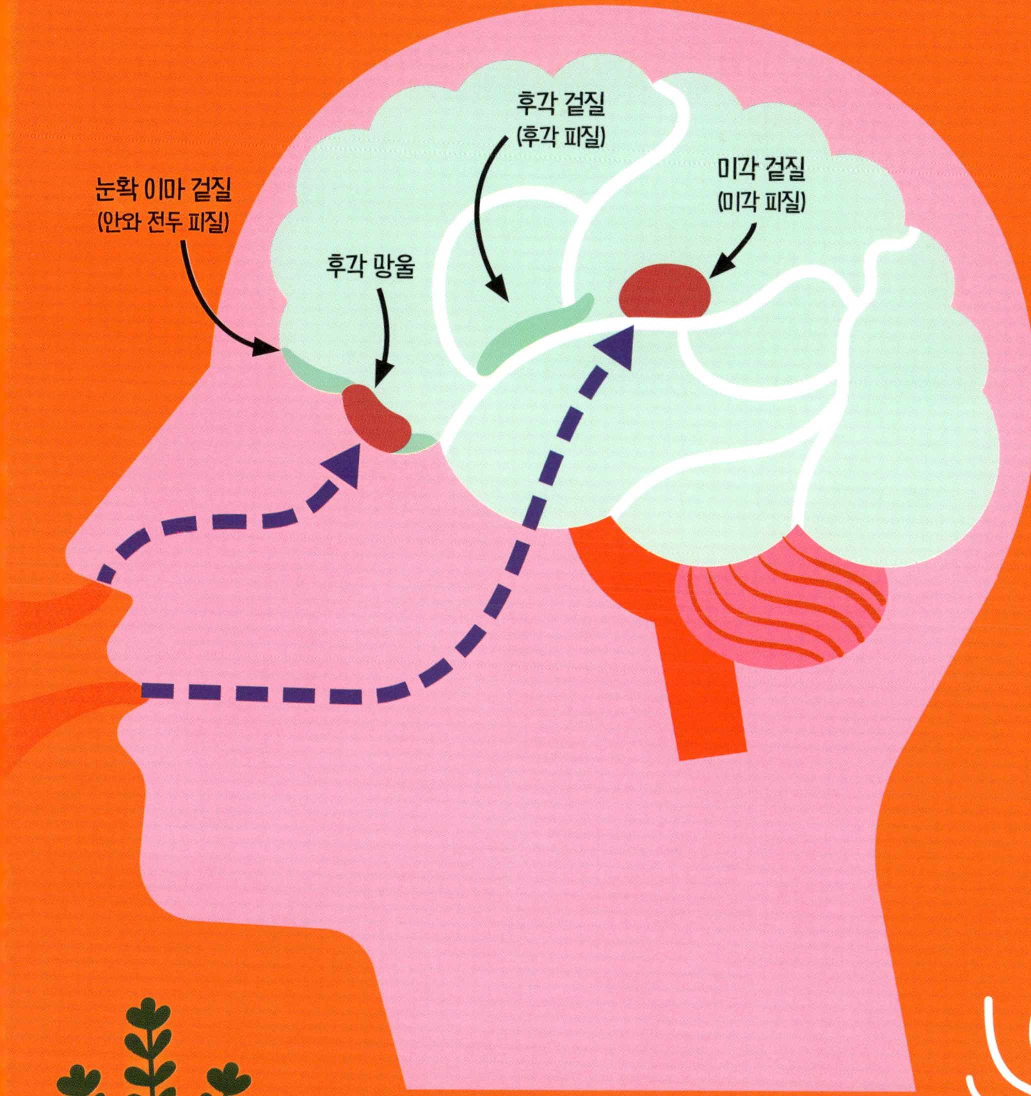

뇌에서는

냄새가 감지되면 입 뒤쪽에 있는 냄새 수용체 세포가 작동을 시작해요. 냄새 수용체 세포는 뇌 앞쪽에 있는 후각 망울에게 신경 신호를 보내요. 후각 망울은 신호를 후각 겉질과 눈확 이마 겉질로 전달해서 무슨 냄새인지 식별해요.
미각 겉질은 입 안의 맛봉오리(미뢰)가 보내는 신호를 가지고 맛을 식별해요.

후각 겉질 (후각 피질)
미각 겉질 (미각 피질)
눈확 이마 겉질 (안와 전두 피질)
후각 망울

룰룰루…

로즈메리

꿀 고추장

허브

냄새

냄새 중에는 냄새 분자가 섞여 만들어지는 것이 많아요. 과학자는 냄새를 나무 냄새, 자극적인 냄새, 과일 냄새 등 크게 몇 가지로 구분해요. 사람마다 코에 제각기 조금씩 다른 냄새 수용체를 가지고 있기 때문에 사람마다 냄새를 다르게 느낄 수 있답니다.

감귤류 냄새

꽃 냄새

썩는 냄새

과일 냄새

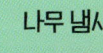
코를 찌르는 듯한 자극적인 냄새

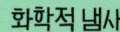
나무 냄새

화학적 냄새

심장

인체에는 멈추지 않는 강력한 펌프,
즉 심장이 필요해요. 인간의 심장은 크기가
어른 주먹만 하며, 단단하고 튼튼한 여러 겹의
심장 근육(심근)으로 이루어졌어요. 가슴 깊숙한 곳에
있어서 뼈로 이루어진 가슴우리(흉곽)와 복장뼈(흉골)로
보호되어요. 심장은 지칠 줄 모르는 일꾼이랍니다.
인간이 살아 있는 평생 동안 신경 신호의 지시에 따라
매 순간, 매일 밤낮없이 쉼 없이 박동하니까요.
심장은 하루에 10만 번 정도 박동해요. 박동할 때마다
심실로부터 일정한 양의 혈액을 몸 구석구석까지
퍼진 동맥이라 불리는 관을 따라 내보내요.

쿠궁, 쿠궁

심장 박동수
건강한 심장은 몸이
가만히 있을 때 1분당
60~100번 박동해요.
달리거나 힘든 운동을
할 때는 분당 150~160번
으로 박동수가 올라갈 수
있어요.

혈액
이 끈적한 액체는 모든 인간에게 꼭 필요한 것이에요. 혈관이라는 관을 따라 빠른 속도로 몸속을 돌아다녀요.
그러면서 몸속 여기저기로 산소를 비롯하여 중요한 화학 물질을 날라요. 또한 노폐물도 운반해요.

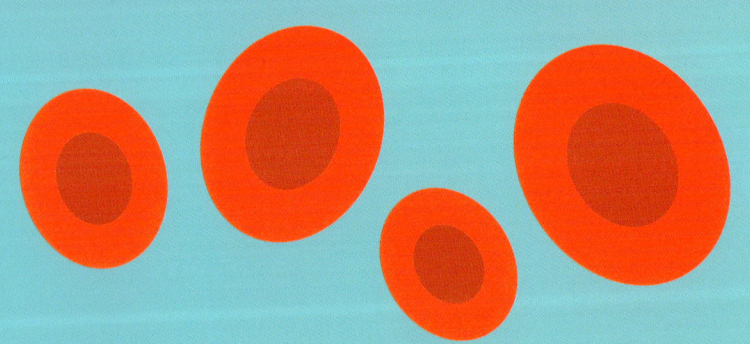

적혈구
적혈구에는 혈색소라는 물질이 있어서 산소를 저장하는데,
이 때문에 혈액이 빨간색을 띠어요. 적혈구는 1세제곱밀리미터의
혈액 속에 5백만 개 정도가 들어 있어요.

백혈구
세균과 감염에 맞서 싸우는 백혈구는
혈액의 1퍼센트밖에 되지 않아요.
골수에서 만들어져요.

몸에서 심장으로
이 굵은 혈관은 위대정맥(상대정맥)이에요. 산소가 부족한 혈액을 심장으로 돌려보내요.

심장에서 몸으로

심장에서 폐로
심장에서 폐로 혈액을 펌프질해 보내 산소를 가득 머금게 해요.

폐에서 심장으로
폐에서 산소를 가득 머금은 혈액이 심장으로 돌아오면 그 혈액을 거기서 다시 펌프질하여 온몸으로 보내요.

오른심방 (우심방)
왼심방 (좌심방)
오른심실 (우심실)
왼심실 (좌심실)

폐에서 심장으로

펌프
심장은 두 개의 펌프를 하나로 합친 것과 같아요. 왼쪽과 오른쪽에 각각 방이 두 개씩 있는데, 오른쪽 두 개는 혈액을 폐로, 왼쪽 두 개는 폐에서 산소를 가득 머금고 돌아오는 혈액을 펌프질해 온몸으로 보내요.

심장은 1년에 36,500,000번 정도씩 박동해요!

몸에서 심장으로

혈소판
혈소판은 무색의 세포 조각으로, 뼈 안에 있는 골수에서 만들어져요. 베이거나 긁히면 혈액이 덩이지게 만들어 상처를 낫게 하는 데 도움을 주어요.

혈장
혈장은 물처럼 묽은 액체로, 혈액의 절반을 조금 넘는 비율을 차지해요. 연노란색이며, 염분을 비롯하여 여러 가지 필수 영양소를 온몸으로 운반해요.

수송망

인체에는 혈관(핏줄)이라 불리는 수천 가닥의 좁다란 관으로 이루어진 길고 긴 수송망이 있어요. 미로처럼 복잡한 이 혈관을 타고 혈액이 뇌와 손, 발 등 인체 구석구석까지 흘러가요. 혈액은 인체 각 부분에 영양소와 산소를 공급해요. 또 불필요한 노폐물을 걷어 가 제거해요. 인체의 혈관은 총길이가 100,000킬로미터 정도 된다고 해요. 한 줄로 이으면 지구를 두 바퀴 반쯤 돌 수 있는 거죠!

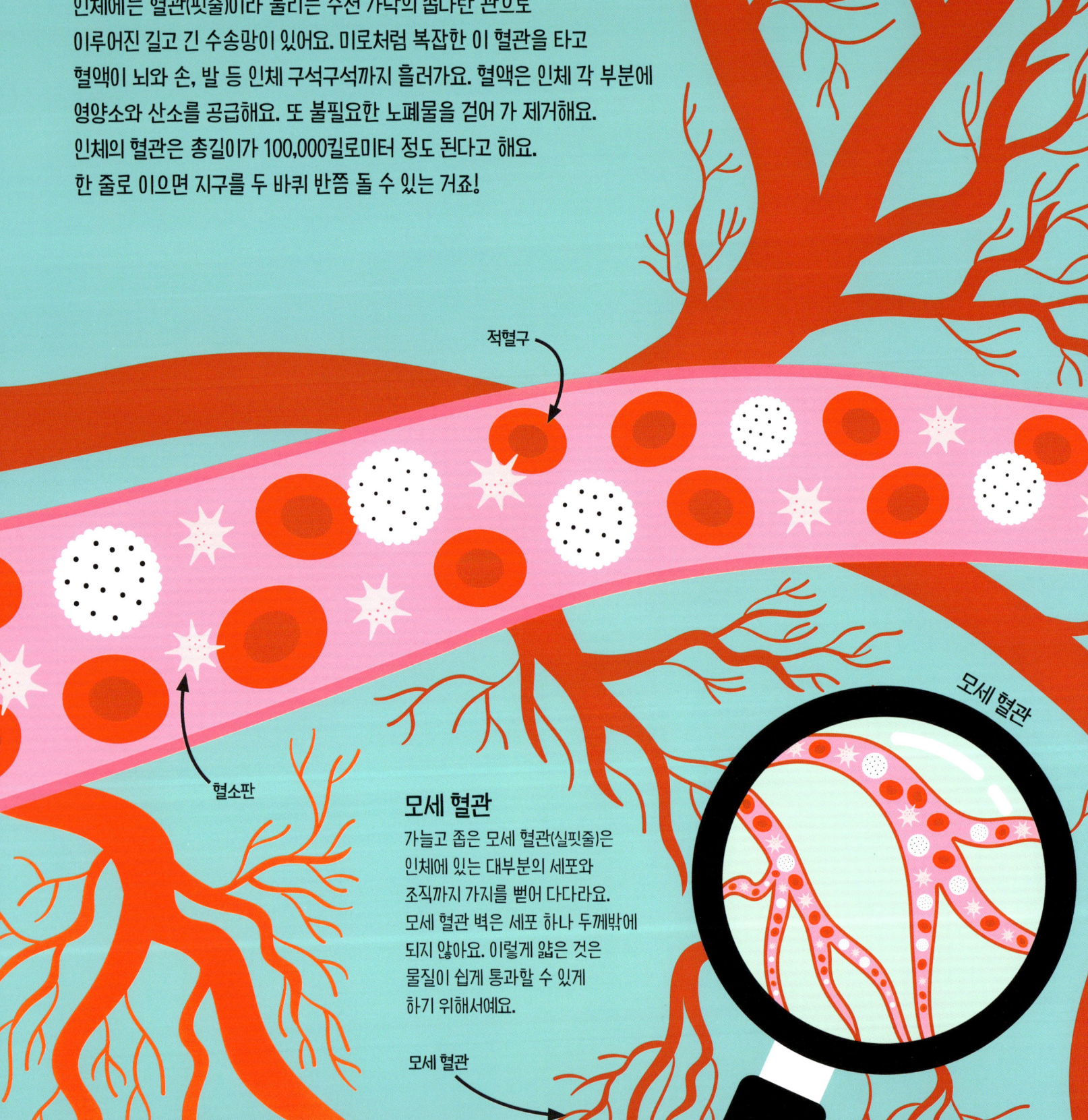

적혈구

혈소판

모세 혈관

가늘고 좁은 모세 혈관(실핏줄)은 인체에 있는 대부분의 세포와 조직까지 가지를 뻗어 다다라요. 모세 혈관 벽은 세포 하나 두께밖에 되지 않아요. 이렇게 얇은 것은 물질이 쉽게 통과할 수 있게 하기 위해서예요.

모세 혈관

동맥

산소와 영양소를 가득 머금은 혈액은 동맥이라는 굵은 혈관을 타고 몸 구석구석으로 이동해요. 동맥 벽은 심장으로부터 나가는 혈액의 굉장한 압력을 견디도록 두꺼운 근육질로 이루어져 있어요.

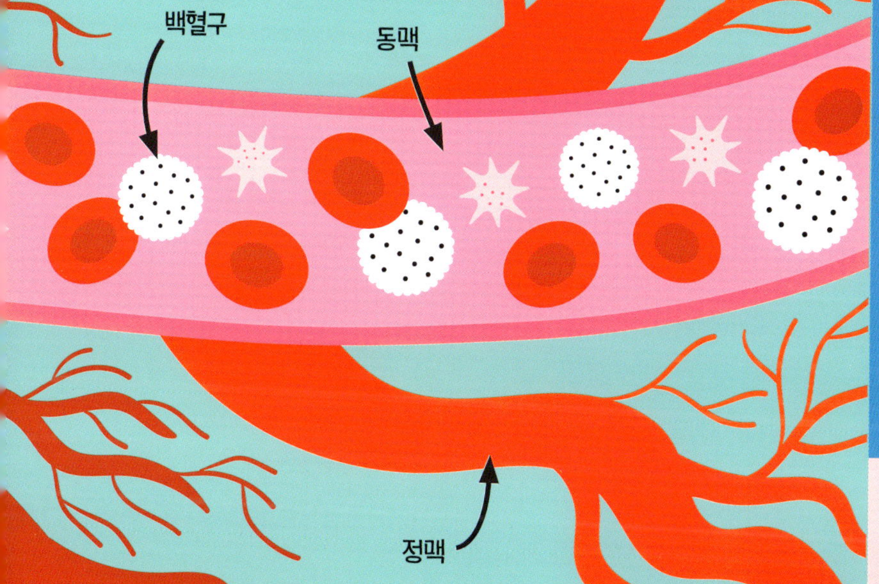

백혈구 → 　　← 동맥

정맥 →

정맥

정맥은 동맥보다 벽이 얇아요. 정맥은 산소가 부족한 혈액을 모아 심장으로 돌려보내요. 정맥에는 한쪽 방향으로만 열리는 판막이라는 것이 있어서, 혈액이 거꾸로 흐르지 않고 심장 쪽으로만 흘러간답니다.

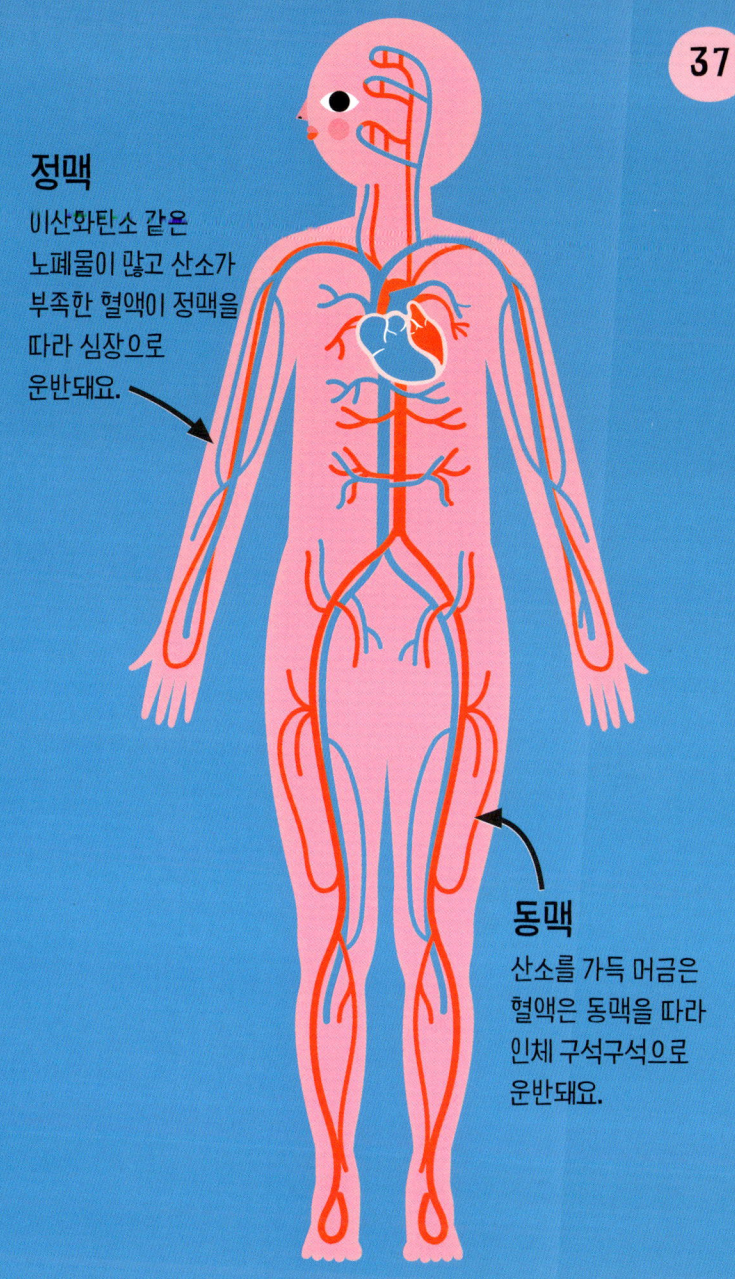

정맥

이산화탄소 같은 노폐물이 많고 산소가 부족한 혈액이 정맥을 따라 심장으로 운반돼요.

동맥

산소를 가득 머금은 혈액은 동맥을 따라 인체 구석구석으로 운반돼요.

순환 계통

혈액이 온몸을 돌고 심장으로 돌아와 다시 온몸으로 나갈 준비를 하기까지는 1분도 걸리지 않아요. 온몸을 도는 동안 여러 가지 물질이 모세 혈관의 얇은 벽을 통과하여 혈액과 세포 속으로 오가요. 산소가 부족해진 혈액은 정맥을 타고 심장으로 돌아가요.

산소를 가득 머금은 혈액

산소를 운반하는 혈액 속의 혈색소 때문에 혈액이 밝은 빨간색을 띠어요.

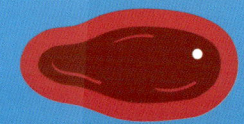

산소가 부족한 혈액

산소가 부족한 혈액은 검붉은 색을 띠어요. 종종 파란색으로 보이기도 해요.

폐

인체에는 끊임없는 산소 공급이 무엇보다도 중요하기 때문에 한 쌍의 폐(허파)가 필요해요. 평균적인 사람은 분당 12~20회 숨을 쉬어요. 잠을 자는 동안에도요. 숨을 쉴 때마다 폐로 공기가 들어가요. 커다란 스펀지 주머니와 비슷한 폐 안에서는 세기관지라는 아주 가는 관 3만 개가 폐 안 구석구석까지 공기를 운반해요. 인체는 산소를 이용하여 에너지를 만들어요.

- 기관
- 오른쪽 폐
- 혈관
- 세기관지

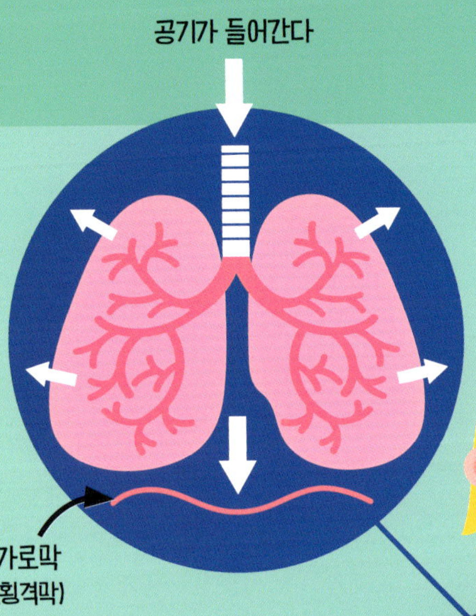

공기가 들어간다

가로막
(횡격막)

폐의 팽창
가로막 근육이 수축하며 아래로 내려가고 가슴우리가 커지면서 폐가 팽창해요.

숨을 들이쉴 때
숨을 들이쉴 때는 폐가 팽창하면서 코와 입을 통해 공기를 빨아들여요. 공기는 목을 통해 기관이라는 관을 따라 내려가요. 기관은 좌우로 갈라지고, 이렇게 갈라진 기관지를 타고 공기가 폐 안으로 들어가요.

허파 꽈리

세기관지 끝에는 허파 꽈리라는 작디작은 공기 주머니 뭉치가 있어요. 바로 이곳에서 신선한 공기 중의 산소가 혈액 속으로 들어가고 노폐물인 이산화탄소가 몸 밖으로 나가요.

왼쪽 폐

왼쪽 폐는 심장이 들어갈 자리를 만들기 위해 오른쪽 폐보다 조금 작아요.

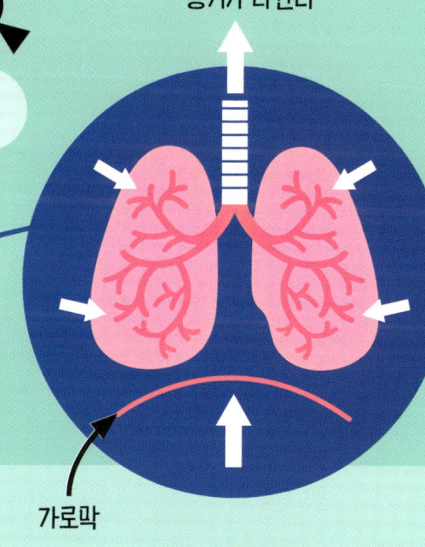

숨을 내쉴 때

인체가 내보내는 공기에는 산소가 적고 이산화탄소가 많아요. 공기를 내보내기 위해 근육이 움직이면서 폐가 작아져요. 노폐물을 담은 공기는 기관을 타고 올라가서 입과 코를 통해 몸 밖으로 나가요.

폐의 수축

가로막 근육이 이완하며 올라가고 가슴우리가 작아지면서 공기를 폐 밖으로 밀어내요.

입과 이

입은 음식물이 인체로 들어가는 곳이고, 그래서 당연히
이곳에 이(치아)가 나 있어요. 우리는 일생을 사는 동안
두 가지 이가 나요. 먼저 유치(젖니)가 20개 나는데,
유치는 6살쯤부터 빠지기 시작해요. 그러고 나면 영구치(간니)가
아래턱과 위턱에 각각 16개씩 32개 나요.
이 뿌리를 둘러싸는 잇몸은 이를 보호하고 단단히 고정해 주어요.
그렇지만 입은 음식을 깨물고 씹는 데에만 중요한 게 아니에요.
크고 작은 소리를 매우 다양하게 내어 다른 사람들과
소통할 수 있게도 해 준답니다.

웃음
웃을 때에는 입이 벌어지고 앞니가
드러나요. 사람은 말을 하지 않고도
입을 여러 방식으로 움직여 감정을
표현할 수 있답니다.

큰어금니 씹고 갈아요.
작은어금니 찢고 부수고 갈아요.
송곳니 찢고 뜯어요.
앞니 자르고 썰어요.

윗니

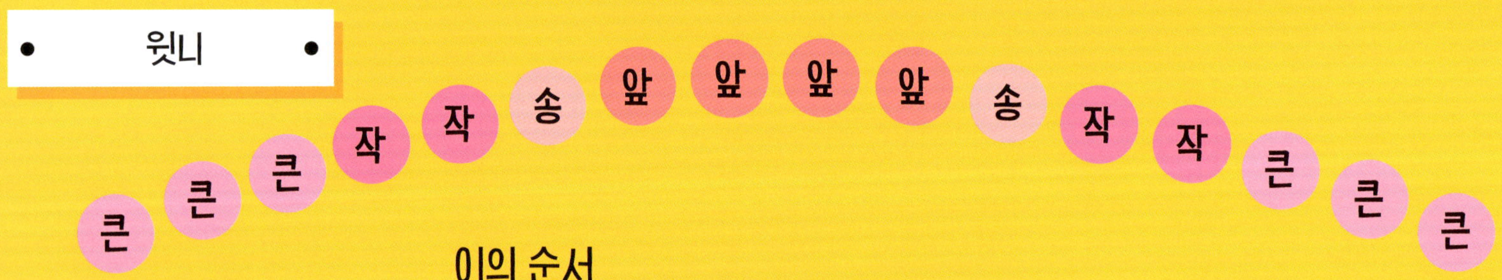

이의 순서
이는 자르는 이, 즉 앞니가 제일 앞에 오도록 배치되어 있어요.
안쪽에 난 뭉툭한 이는 씹고 가는 데에 쓰이는 큰어금니와 작은어금니예요.

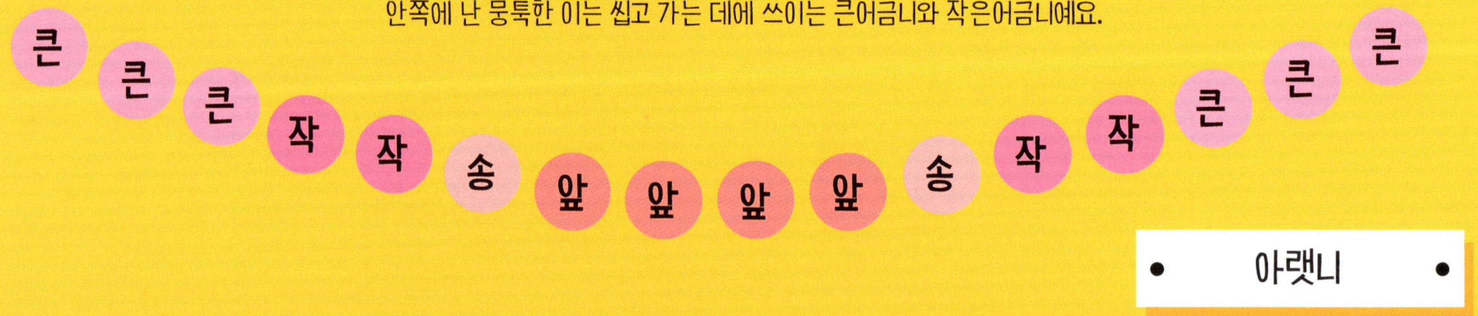

아랫니

말
입과 입술, 혀의 모양을 바꾸면 입에서 나오는 공기의 흐름이 바뀌어요. 이를 통해 다양한 소리를 내어 말을 할 수 있어요.

노래
목에서 나오는 공기가 성대라고 불리는 두 장의 주름판 위를 빠르게 지나면서 음이 만들어지기 시작해요. 성대가 앞뒤로 떨리면서 소리가 나는 거예요.

휘파람
얼굴에 있는 근육으로 입술을 오므리는 동시에 혀를 둥글게 말아요. 입에서 바람을 불면 공기가 입 밖으로 빠져나오면서 아름다운 휘파람 소리가 나요.

인간의 이는 몇 개일까요?
일반적인 어른은 32개의 영구치를 가지고 있어요.

$$4 + 8 + 8 + 12 = 32$$

송곳니   작은어금니   앞니   큰어금니   개의 영구치

이의 구조
이는 모두 턱뼈 깊이 뿌리를 내리고 있어요. 안에 있는 부드러운 치수 공간에는 신경과 혈관이 들어 있고, 뼈와 비슷한 상아질이라는 물질로 둘러싸여 있어요. 이의 바깥 부분은 사기질로 이루어지는데, 인체에서 가장 단단한 물질이랍니다.

'아~' 해 보세요!

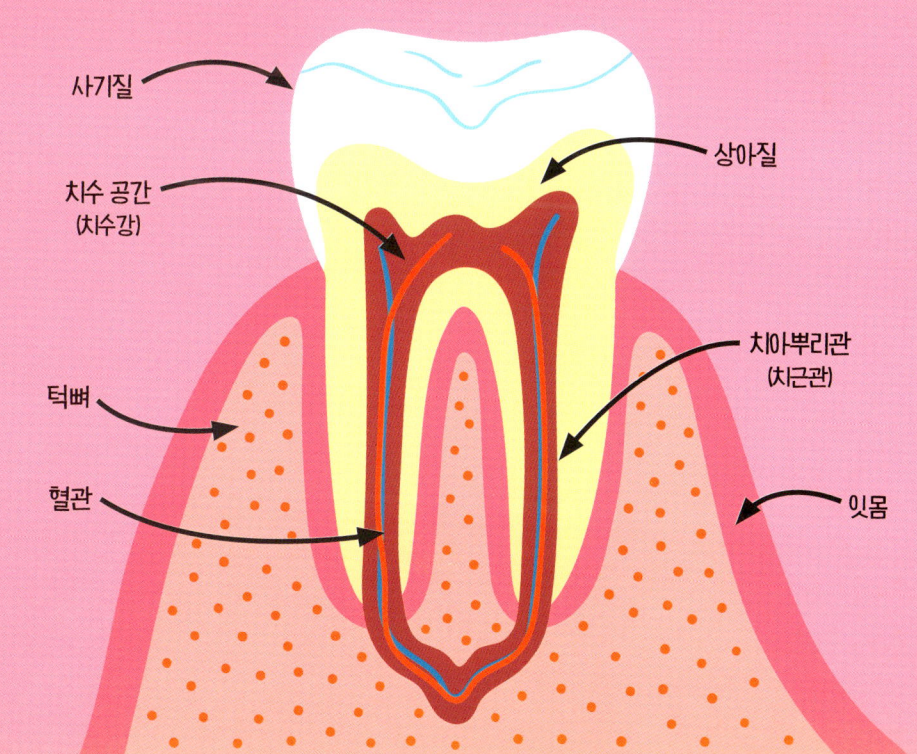

소화 계통

입 안에 들어온 음식물은 어딘가로 가야 해요.
그 어딘가는 근육으로 이루어진 주머니와 관이랍니다.
이 모든 것이 연결되어 소화 계통을 이루어요.
매우 중요한 이 소화 계통은 음식물을 가지고 머리 아랫부분에서
출발하여 인체의 몸통 아랫부분에서 끝나는 기나긴 여정을 거쳐요.
그 과정에서 음식물을 으깨고 휘젓고 잘게 부수어, 그 속의 영양소를
인체가 자라고 복구하기 위한 연료로 사용할 수 있게 만들어 주어요.
이 과정의 첫 번째 단계는 음식물을 입으로부터 위로 옮기는 것이에요.

씹는 입
입에는 이가 있으며, 입 양쪽에
3개씩 있는 침샘에서 매일
1.2리터 정도씩 나오는 침으로
음식물을 적셔요.

음식물 덩어리
입 안에 들어간 음식물은 공 모양의
음식물 덩어리가 되어요. 그리고 침으로
적셨기 때문에 관을 따라 이동하기
알맞은 상태예요.

식도 조임근
고리 모양을 이룬 근육이 열리면서 식도로
음식물이 드나들 수 있게 해요.
숨을 들이쉴 때는 위쪽 고리가 꽉 조이면서
공기가 식도로 들어가지 않게 해요.

먹고, 씹고, 삼키고
입을 움직이고 입 안의 이로 음식물을 씹고 부수고 갈려면
턱에 강한 근육을 갖추고 있어야 해요. 입 안 바닥에 있는 혀는
음식물을 안으로 밀어 삼킬 준비를 해요. 이 동작에는 입과 목,
식도 안에 있는 20개가 넘는 근육이 사용된답니다.

꿀꺽, 꿀꺽

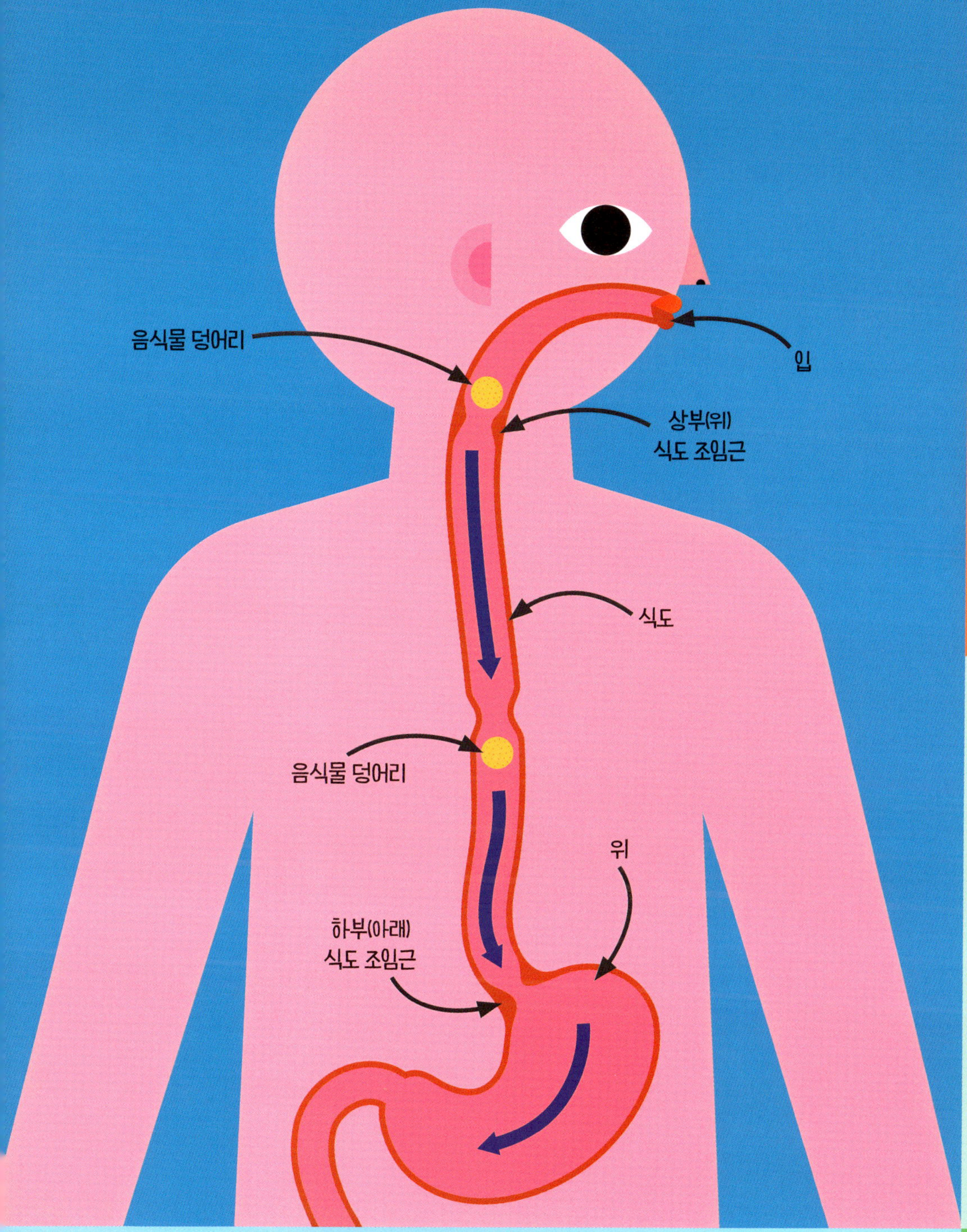

음식물 덩어리

입

상부(위) 식도 조임근

식도

음식물 덩어리

위

하부(아래) 식도 조임근

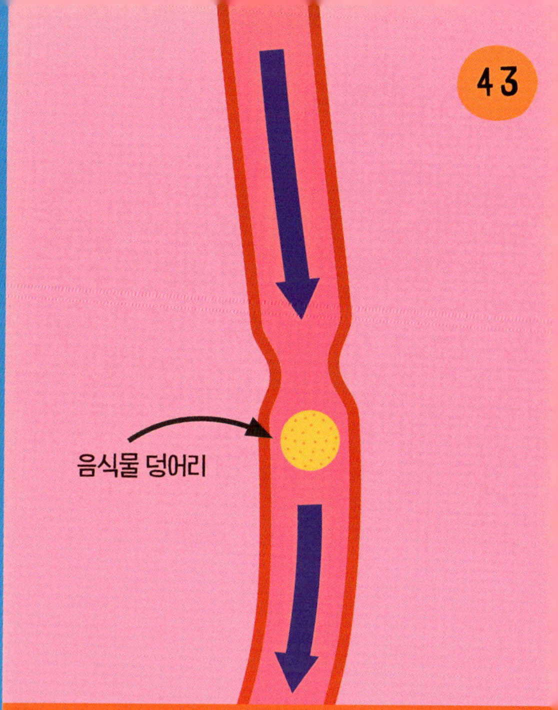

음식물 덩어리

식도
인체의 호흡 기관 바로 뒤에 있는 관으로, 근육으로 이루어진 관이 짜듯이 움직이며 음식물을 아래로 밀어 내려요.

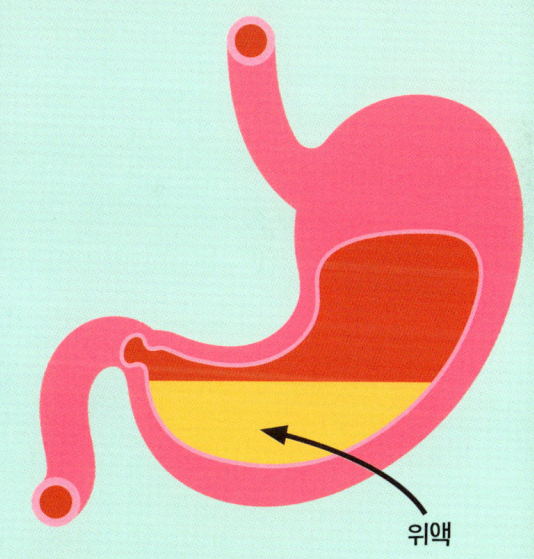

위액

음식물이 위에 다다르기까지
입과 위는 가슴우리 안쪽을 수직으로 지나는 30센티미터 길이의 근육질 관으로 이어져 있어요. 이 관을 식도라고 해요. 식도의 위쪽 조임근이 이완하며 음식물 덩어리를 받아들이고, 아래쪽 조임근이 이완하며 음식물 덩어리가 식도를 빠져나와 위에 들어가게 해요.

위
위는 식도 아래쪽 끝에 연결된 신축성이 있는 주머니예요. 산성 위액이 가득 차 있어서 음식물을 분해하여 걸쭉하게 만들어요.

창자

미로 같아요!

작은창자는 인체에서 가장 긴 관이어서, 구불구불 말린 상태로 몸 안에 들어 있어요. 큰창자는 작은창자를 둘러싸고 있어요. 위는 작은창자 안으로 걸쭉한 액체를 내보내요. 음식물은 구불구불 돌아가는 작은창자의 벽을 따라 천천히 움직이면서 더 작고 더 단순한 분자로 분해되어요. 그런 다음 마법이 일어난답니다. 뼈를 단단하게 만드는 칼슘부터 에너지를 공급하는 당분까지, 음식물 안의 쓸모 있는 성분이 대부분 인체로 흡수되는 거예요. 그리고 남는 음식물은 다음 과정을 위해 큰창자로 들어가요.

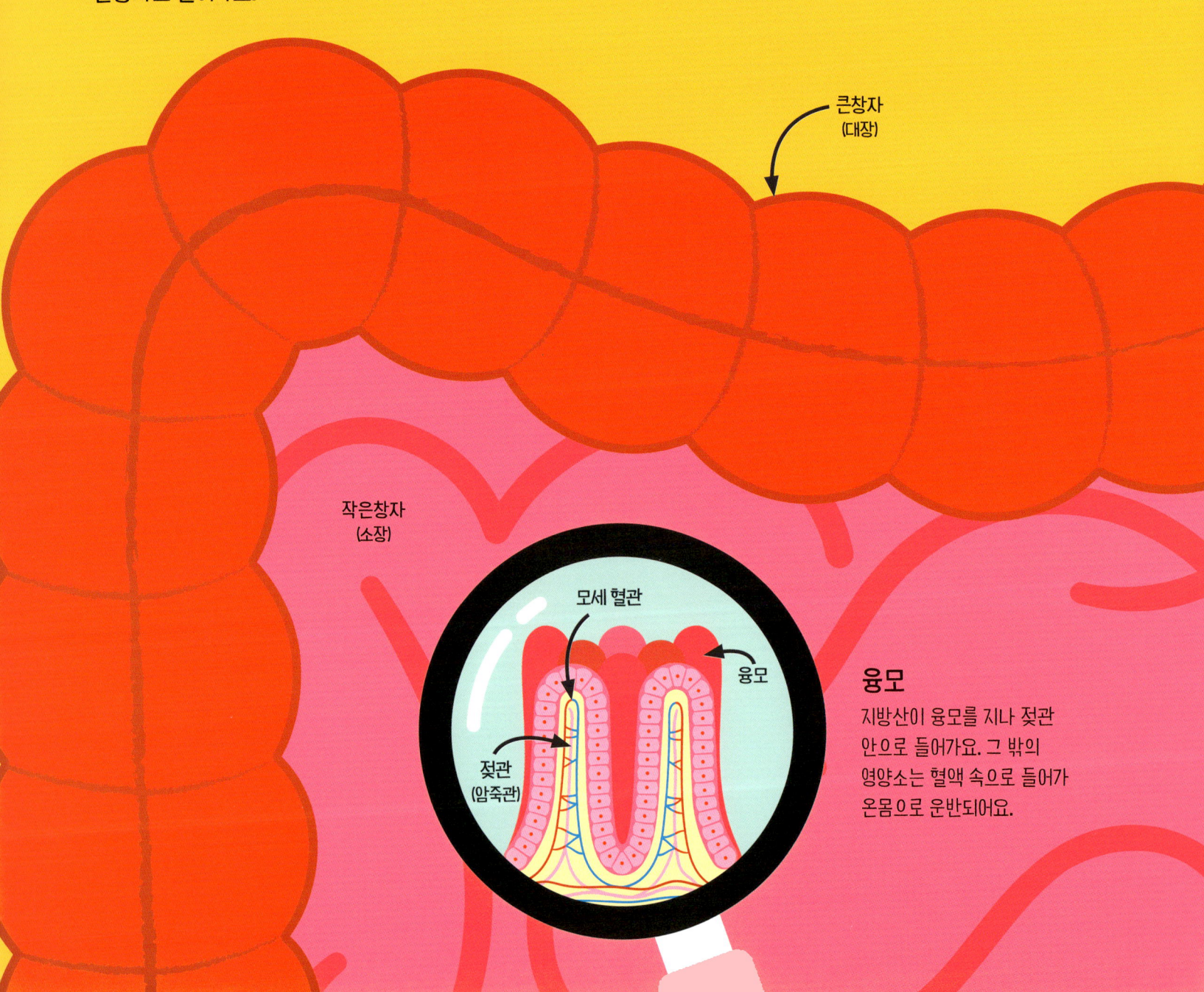

큰창자 (대장)

작은창자 (소장)

모세 혈관

융모

젖관 (암죽관)

융모
지방산이 융모를 지나 젖관 안으로 들어가요. 그 밖의 영양소는 혈액 속으로 들어가 온몸으로 운반되어요.

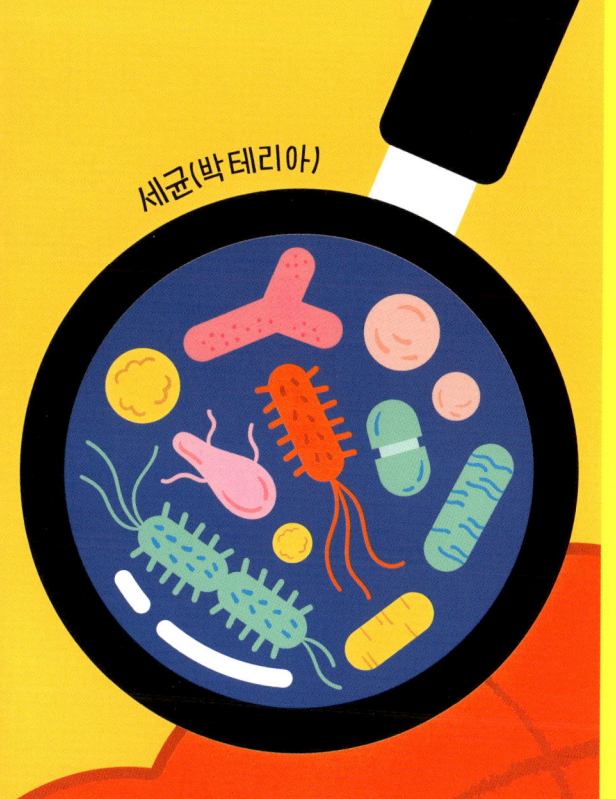

세균(박테리아)

좋은 세균, 나쁜 세균

창자 안에는 수십억 마리의 세균이 살아요. 그중 일부는 감염을 일으키지만, 인체가 음식물을 소화하도록 돕는 세균도 많아요. 어떤 세균은 비타민을 만들기까지 한답니다.

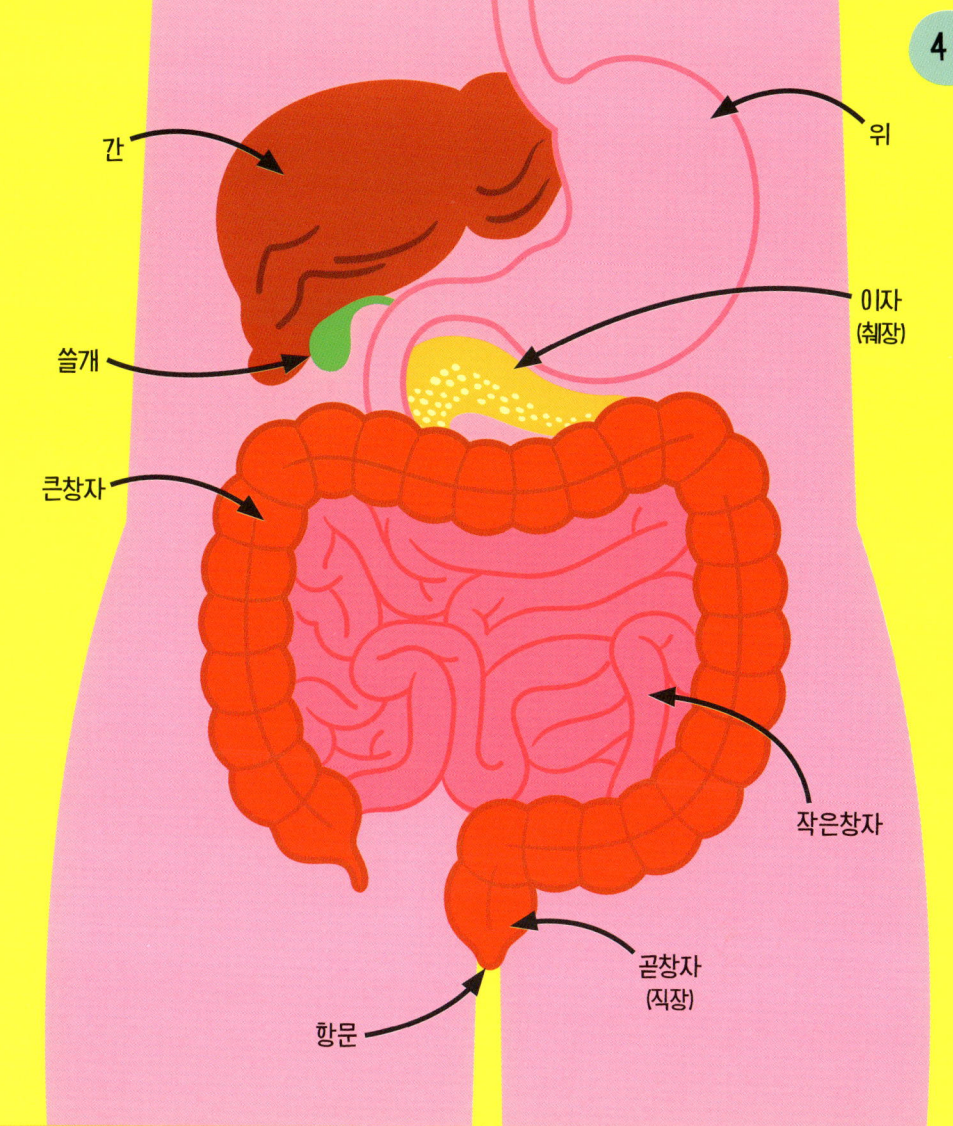

간
위
쓸개
이자 (췌장)
큰창자
작은창자
항문
곧창자 (직장)

창자 안에서는

작은창자 내벽에는 주름이 있고, 작디작은 손가락처럼 생긴 융모가 수백만 개 늘어서 있어요. 이에 따라 표면적이 늘어나, 영양소가 빠르게 융모를 통과하여 인체로 흡수되어요.

음식물 분해

작은창자는 이자와 간이라는 두 기관의 도움을 받아요. 이자는 화학 물질로 가득한 즙을 분비하는데, 이것이 음식물의 당분과 전분을 분해해요. 간은 쓸개즙(담즙)을 만들고, 쓸개즙은 쓸개에 보관되어요. 작은창자 안으로 분비된 쓸개즙은 이자의 즙과 함께 음식물에 있는 지방을 분해해요.

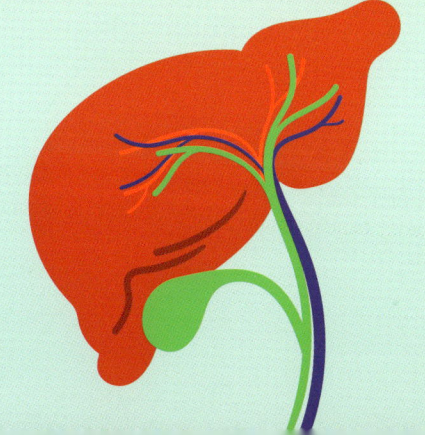

간

작은창자에서 영양소를 흡수한 혈액은 간으로 이동해요. 이 놀라운 기관은 원치 않는 물질을 모두 걸러 내고, 그 나머지를 처리하여 인체가 에너지와 성장, 복구에 쓸 수 있는 화학 물질로 바꿔 준답니다.

노폐물 제거

인체는 노폐물을 제거할 수 있어야 해요. 콩팥(신장)이라 불리는 부지런한 한 쌍의 기관이 이 과정에서 꼭 필요해요. 우리가 먹는 음식물은 인체 안에서 최대 48시간까지 머무를 수 있어요. 그중 많은 시간을 큰창자 속에서 천천히 이동해요. 물을 비롯하여 남아 있는 영양소가 큰창자 안에서 인체로 흡수되고, 고체 형태의 노폐물만 남아요. 한편 세포에서 만들어지는 노폐물은 혈액 속으로 들어간 다음 콩팥에서 걸러져요.

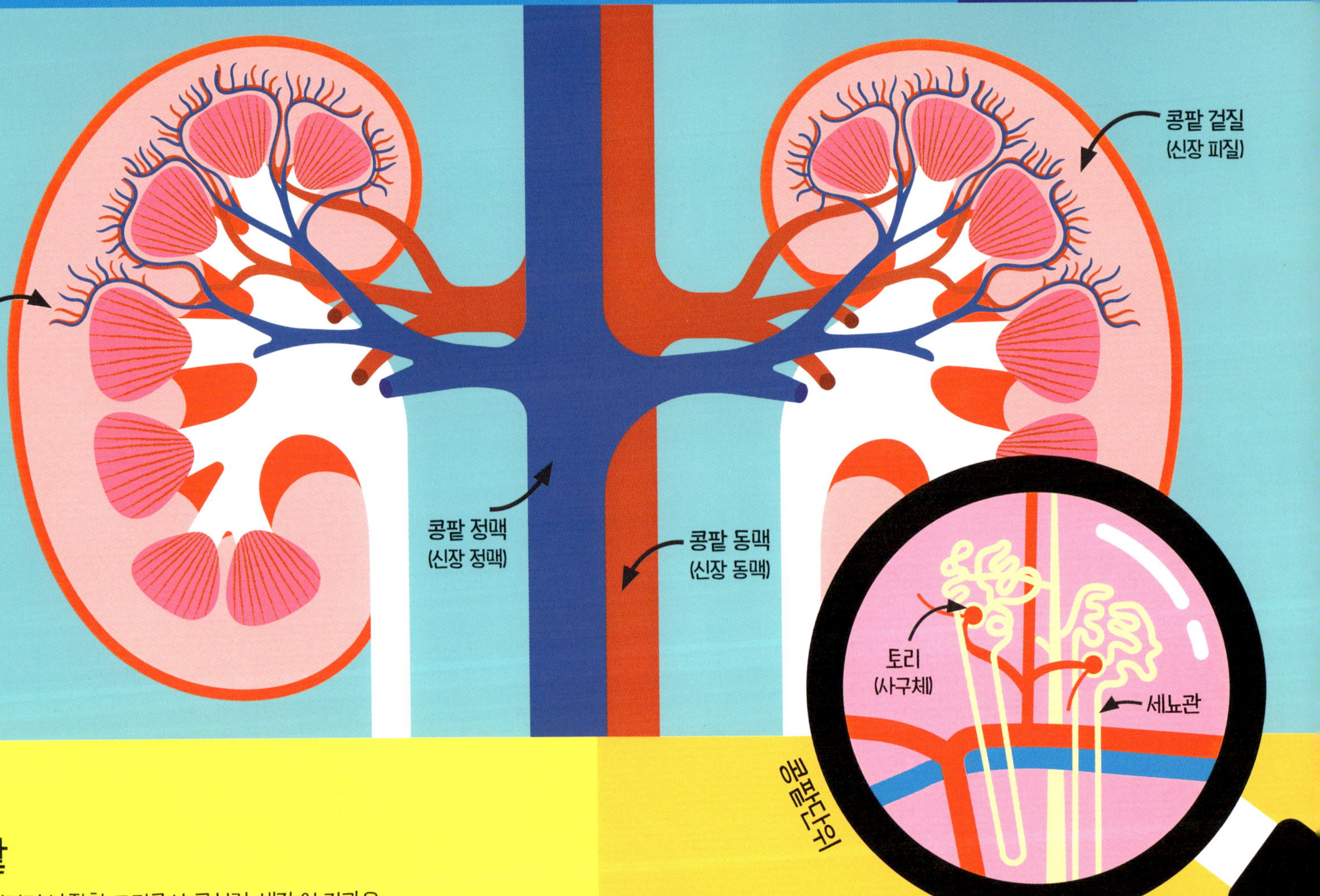

드세요!

콩팥 겉질 (신장 피질)

토리로 가는 혈관

콩팥 정맥 (신장 정맥)

콩팥 동맥 (신장 동맥)

토리 (사구체)

세뇨관

콩팥단위

콩팥

10센티미터 남짓한 크기로서 콩처럼 생긴 이 기관은 혈액으로부터 원치 않는 물질을 분리해 내요. 깨끗해진 혈액은 콩팥 정맥을 따라 심장으로 돌아가요. 액체 노폐물은 오줌이라 불리며, 방광으로 들어가요. 오줌의 95퍼센트 정도는 물이고, 나머지 5퍼센트는 노폐물과 염분이에요.

거르는 장치

각 콩팥 안에는 작은 관과 혈관 다발로 이루어져 노폐물을 걸러 내는 콩팥단위가 1백만 개 정도 있어요. 이들은 24시간당 최대 200리터 정도의 혈액을 거른답니다.

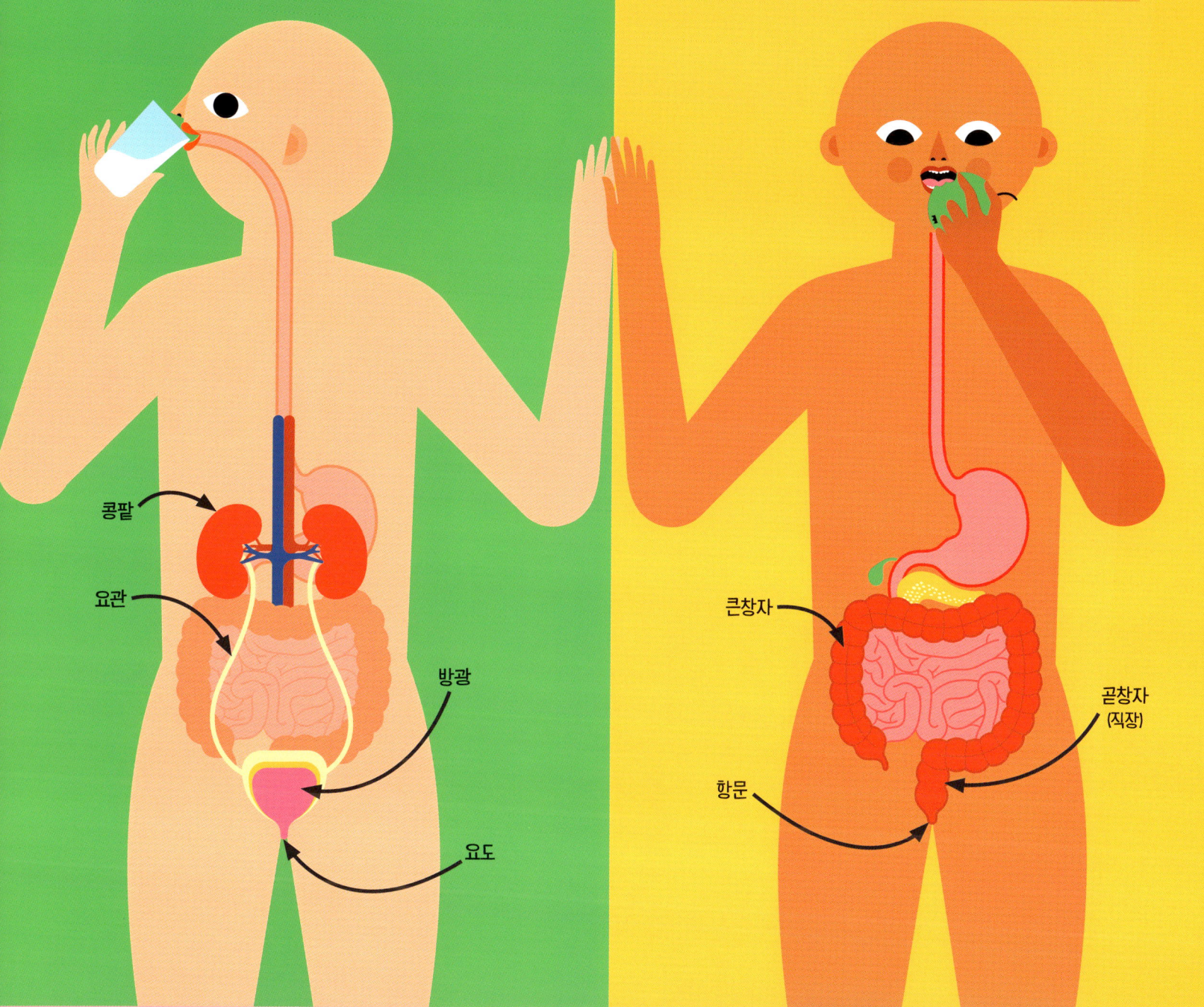

인체 방위대

먼지나 바이러스, 세균(박테리아) 같은 외부 위협으로부터 인체를 지키려면 인체에 내장된 면역 체계가 필요해요.
몸 겉에는 피부와 콧물이 있어서 위험한 침입자들이 인체 깊숙이 들어오지 못하도록 막아 줄 수 있어요. 그렇지만 세균이나 바이러스를 비롯한 해로운 것들이 몸 안으로 들어오면, 이를 추적하기 위해 특별한 종류의 백혈구가 필요해요. 백혈구는 혈관 안에서 많이 볼 수 있지만, 림프 계통이라 불리는 그물처럼 퍼진 관을 따라 흐르는 백혈구도 있답니다.

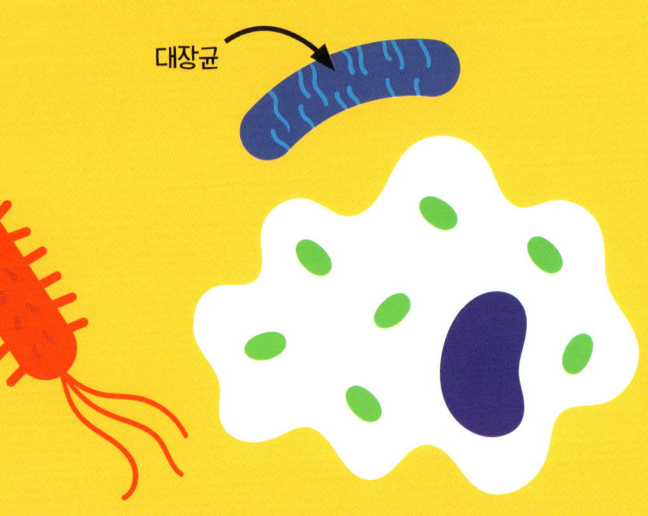

큰 포식 세포
(대식 세포)

대장균

인플루엔자 바이러스

1 큰 포식 세포라고 불리는 백혈구가 경비를 맡아, 혈액과 림프 속을 순찰하며 병원체(병을 일으키는 미생물)가 침입하는지 감시해요.

2 해로운 세균을 발견하면 큰 포식 세포는 다가가 에워싼 다음, 삼켜 제거해요.

방어 장치

인체에는 세균을 비롯한 위협이 너무 많이 퍼지기 전에 막을 수 있도록 여러 가지 액체와 반응이 준비되어 있답니다.
예컨대 땀에는 일부 피부 세균을 죽이는 화학 물질이 들어 있어요.

눈물

눈 위에 있는 샘에서 눈물이 만들어져요. 그래서 눈을 깜박일 때마다 짠 눈물로 이루어진 막이 각막에 상처를 낼 수 있는 먼지와 이물질을 씻어 내요.

침

침은 음식물을 적시는 데 중요해요. 그렇지만 또한 입 안에서 일부 해로운 세균을 죽이기도 해서 이와 잇몸이 썩는 것을 예방하는 데 도움이 돼요.

3 큰 포식 세포는 세균을 소화한 다음, 해롭지 않은 노폐물을 배출해요. 그러고 나면 다시 위협을 찾아 사냥에 나서요.

용해 소체 (리소좀)

살모넬라균

수색, 섬멸

인체는 지칠 줄 모르는 백혈구 군대를 이용하여 밤낮없이 외부 침입자를 격퇴해요. 일부는 심하게 손상된 우리 몸 세포를 먹어 치우기도 해요. 백혈구는 죽을 때까지 병원체에 대한 공격을 100~200차례 되풀이할 수 있어요.

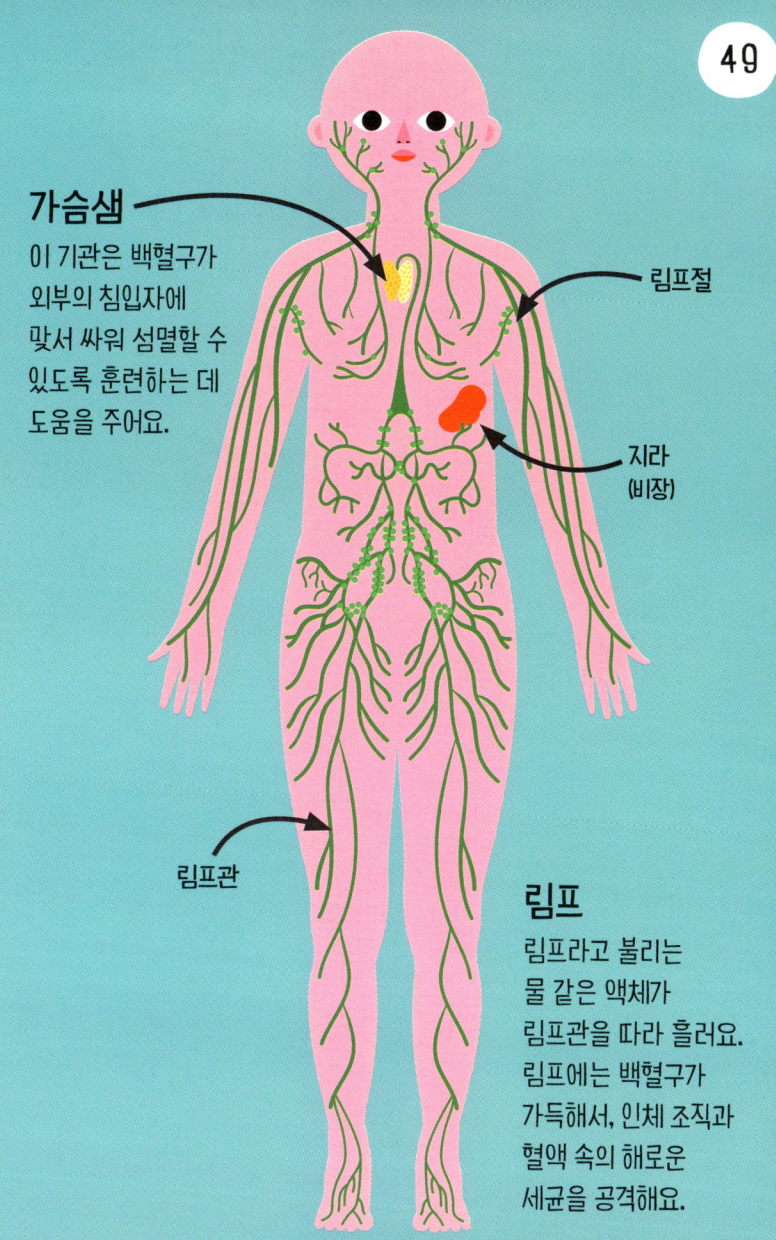

가슴샘
이 기관은 백혈구가 외부의 침입자에 맞서 싸워 섬멸할 수 있도록 훈련하는 데 도움을 주어요.

림프절

지라 (비장)

림프관

림프
림프라고 불리는 물 같은 액체가 림프관을 따라 흘러요. 림프에는 백혈구가 가득해서, 인체 조직과 혈액 속의 해로운 세균을 공격해요.

림프 계통

림프는 관을 타고 림프절이라는 곳에 다다라요. 림프절에서는 백혈구가 림프 안에 있는 세균을 파괴해요. 지라는 인체에서 가장 큰 림프절 역할을 해요.

점액
이 끈적끈적한 액체는 입과 목, 코를 비롯한 인체의 여러 부분을 뒤덮고 있어요. 병원체나 먼지, 이물질이 몸 전체로 퍼지지 않도록 붙잡아요.

알레르기
인체의 면역 체계 중 일부는 꽃가루 같은 해롭지 않은 위협에 과민하게 반응해요. 이 때문에 눈과 코가 붓고 눈물과 콧물이 나와요.

피부, 털, 손발톱

피부는 인체의 바깥층으로서 단연 가장 큰 기관이에요. 방수 기능이 있고, 세균을 막아 주며, 유해한 햇빛으로부터 보호해 주어요. 놀랍죠! 또 체온을 조절하고 촉각과 감각으로 주위를 감지할 수 있게 해 주어요. 피부를 뒤덮는 수백만 개의 털이 공기층을 이루어 인체를 따뜻하게 유지해 주어요. 피부는 바깥 표면의 죽은 세포가 떨어져 나가면서 끊임없이 복구하고 재생한답니다.

땀구멍

땀샘
땀샘은 피부에 난 작디작은 땀구멍을 통해 땀을 내보내요. 땀을 흘리면 몸의 열을 식히는 데에 도움이 돼요.

땀샘

혈관

지방 조직

머리털
머리에 있는 털집이 건강할 때 우리 머리에는 머리털이 10만 개쯤 자라요. 머리털은 몸에 나는 털보다 굵어요.

속눈썹
눈꺼풀에 좁다랗게 난 이 가느다란 털은 먼지와 이물질을 붙잡아요. 속눈썹을 건드리면 눈을 보호하기 위해 눈꺼풀이 저절로 감겨요.

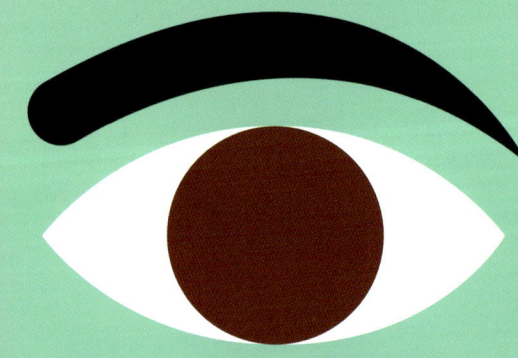

눈썹
이마에 있는 한 쌍의 털 무더기가 이마를 따라 흐르는 땀이 눈에 들어가지 않게 해요.

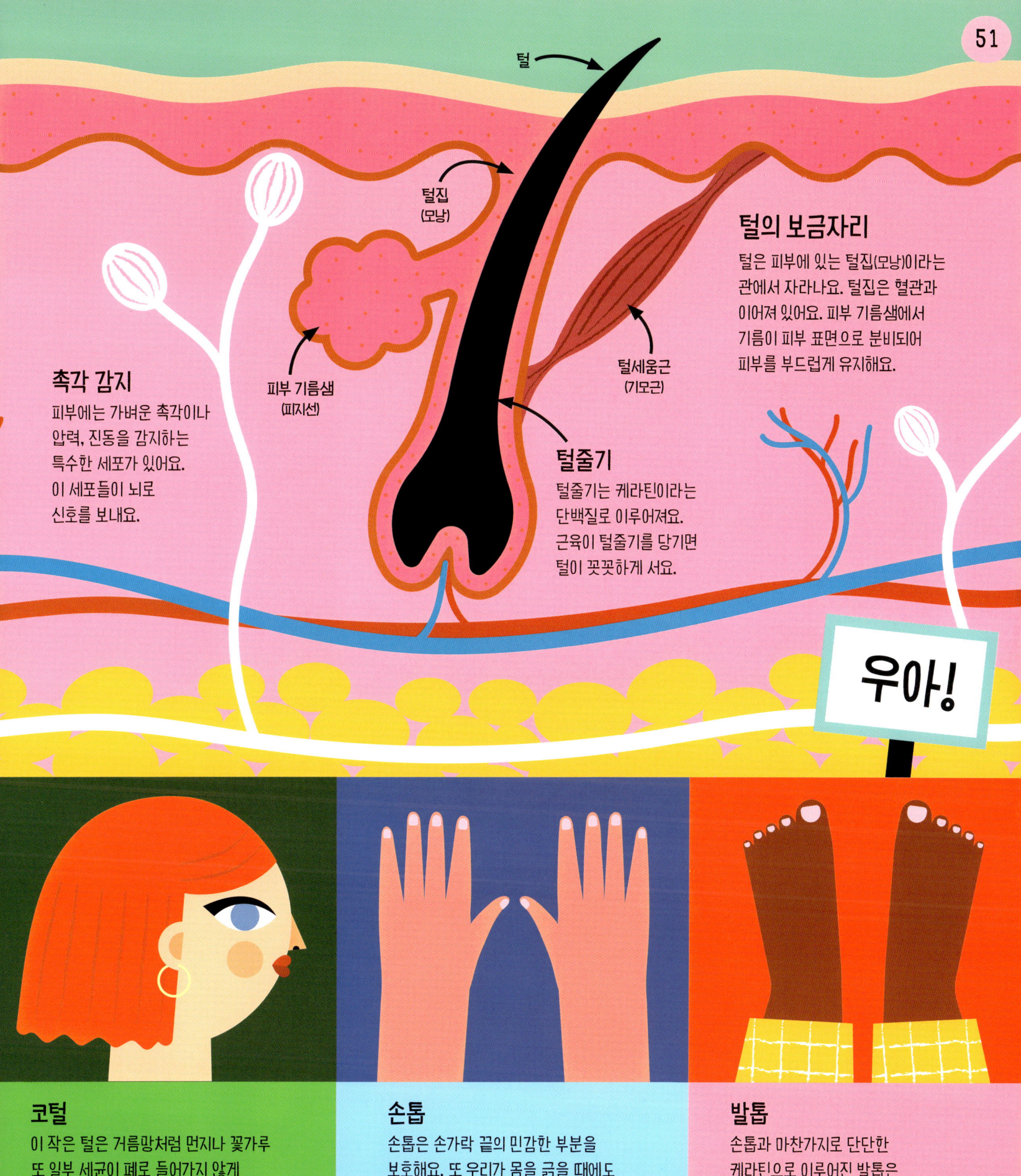

머리털과 피부

겉으로 볼 때 인체는 키와 얼굴 생김새부터 피부색과 머리카락 색까지 사람마다 조금씩 달라요. 이런 차이점이 모든 사람을 특별하고 독특하게 만들고 또 쉽게 알아볼 수 있게 해요. 색은 피부와 털집(모낭)에 있는 멜라닌 세포라는 특수한 세포에서 만들어져요. 이 세포는 멜라닌이라는 화학 물질을 만드는데, 이것이 색을 내는 물질이에요.
멜라닌은 이웃 세포에 들어가 색을 내요. 멜라닌이 많이 만들어질수록 피부색은 더 어두워져요. 피부 세포는 벗겨져 떨어져 나가기 때문에 멜라닌 세포는 멜라닌을 계속 만들어 내야 해요. 어떤 사람은 나이가 들면서 만들어 내는 멜라닌 양이 줄어들고, 그 때문에 머리털이 흰색이나 회색으로 변한답니다.

점
피부에 난 점은 멜라닌 세포 덩어리로, 검은색이나 갈색 또는 붉은색을 띠어요.

주근깨
이 작은 점들은 멜라닌 세포가 조그맣게 뭉친 거예요. 얼굴과 팔에 나타나요.

곧은 머리
털집은 둥근 모양이거나 달걀 모양이에요. 위를 향해 똑바로 선 둥근 털집에서는 곧은 머리가 자랄 가능성이 높아요.

반곱슬머리
곧은 머리와 곱슬머리 중간쯤 되는 이 유형의 머리털은 길게 자라면 물결 모양이 되어요.

곱슬머리
털집이 달걀 모양이거나 머리털이 피부 표면에 비스듬한 각도로 자라면 곱슬머리가 될 가능성이 커요.

콧수염
사람에 따라 윗입술과 코 사이에 콧수염을 기를 수도 있어요.

홍조
사람이 당황하면 피부 아래 혈관을 타고 혈액이 더 빨리 흐르면서 얼굴이 붉어지는데, 이를 홍조라고 해요.

턱수염
얼굴이나 턱, 목에 수염을 기르려면 털집이 매우 많아야 해요.

피부색
멜라닌 세포는 피부색을 결정해요. 강한 햇빛에 노출되면 피부의 멜라닌 세포가 자극을 받아 멜라닌을 더 많이 만들 수 있어요. 이럴 때 햇빛에 있는 해로운 자외선으로부터 피부를 보호하기 위해 피부색이 더 어두워질 수 있어요.

꼬인 머리
스프링처럼 꼬인 머리카락이 촘촘하게 나려면 털집이 달걀 모양이고 각도가 매우 비스듬해야 해요.

빨간 머리
털집에서 붉은 멜라닌 색소가 유달리 많이 만들어지면 머리털이 빨간색이나 적갈색이 될 수 있어요.

안녕

인체를 보살피는 법

인체는 단순히 각 부분이 제자리에 있는 것만으로는 충분하지 않아요.
돌보아 주기도 해야 한답니다. 모든 기관에 에너지를 공급하고
성장하고 움직이려면 연료가 필요해요. 규칙적으로 운동을
해 주어야 뼈와 근육이 튼튼한 상태를 유지해요.
씻고 목욕하면 해로운 세균과 감염을 막는 데 도움이 되어요.
쉬고 잠을 잠으로써 인체의 모든 기관은 하루 일과를 마치고
스스로 치료하고 힘을 되찾을 기회를 얻어요.
잘 돌보아 주면 인간은 새로운 기술과 능력을 개발하고,
다른 인간들과 교류하며, 세상에 대해 배우고,
그 밖에도 놀랍고 흥미로운 많은 일을 한답니다.

음식

과일과 채소
이 중요한 음식물에는 비타민과 무기질이 많이 들어 있어요. 또 섬유질이 풍부하여 소화에 도움을 주어요.

생선

단백질
인체에서 성장과 회복에 사용되는 단백질은 근육을 키우는 데에도 도움이 돼요.

달걀

고기

견과

채소

인체는 소화하여 에너지로 만들 연료가 많이 필요해요. 균형 잡힌 식단에는 다양한 종류의 음식이 골고루 포함되어 있어, 건강을 유지하는 데 필요한 모든 영양소를 인체에 공급해요. 좋은 식단에는 염분이나 당분, 지방이 지나치게 많이 포함되지 않아요.

과일

고구마

물
인체가 최상의 기능을 발휘하려면 매일 2~3리터의 물이 필요해요. 그중 4분의 1 정도를 식물에서 얻어요.

탄수화물
당분과 전분으로 이루어지는 탄수화물은 포도당으로 바뀌어요. 그런 다음 혈액을 따라 인체의 모든 세포로 운반되어 연료로 사용되어요.

빵

기름

치즈

지방
유제품이나 기름, 고기, 일부 생선에서 발견되는 지방은 인체의 에너지 저장고 역할을 해요.

버터

밥　　파스타

운동

스포츠
놀이는 매우 좋은 운동이에요. 심장과 폐가 혈액을 몸 전체로 더 빨리 돌게 해 주니까요.

- 배드민턴
- 테니스
- 탭 댄스화
- 발레
- 미식축구
- 축구
- 등산화
- 물병

춤
발레나 탭 댄스를 비롯한 무용은 건강 상태와 인체의 유연성을 높여 줄 수 있어요. 스트레칭은 인체의 운동 범위를 더욱 넓혀 줄 수 있어요.

심장을 비롯하여 튼튼한 근육은 모두 규칙적이고 적절한 운동이 필요해요. 운동은 근육을 튼튼하게 유지하는 데 도움이 돼요. 또 인체에 지구력, 즉 힘든 일을 오랫동안 계속할 수 있는 능력을 주어요. 건강을 유지하면 뼈를 튼튼하게 관리하고 관절이 유연하게 움직이는 데에도 도움이 된답니다.

자전거
자전거는 건강을 유지하는 신나는 방법이에요. 오르막길에서 타면 심장과 폐, 다리 근육 운동에 특히 더 도움이 되어요.

걷기
운동이 꼭 빠르고 격렬할 필요는 없답니다. 적당한 속도로 장시간 걷는 것도 몸에 매우 좋을 수 있어요.

청결

깨끗하고 뽀송한 옷
축축하거나 더럽거나 땀이 밴 옷을 며칠 동안 계속 입으면 곰팡이나 기타 세균이 번식하여 감염을 일으킬 수 있어요. 사람은 정기적으로 옷을 갈아입고 빨아야 해요.

깨끗한 몸은 건강한 몸이에요. 몸을 씻으면 감염이나 건강에 문제를 일으킬 수 있는 세균을 비롯한 해로운 병균이 쌓이지 않게 되어요. 여기에는 손을 규칙적으로 씻는 것도 포함되어요. 특히 손으로 가리고 기침이나 재채기를 한 다음이나 화장실을 쓰고 난 뒤에는 손을 잘 씻어 주어야 해요.

양치질
이를 닦으면 세균과 세균이 좋아하는 음식물 찌꺼기가 제거되어요. 세균이 번식하면 산을 만들어 충치가 생겨요.

비누

매일 씻기
말라붙은 땀과 때, 세균을 비누와 따뜻한 물로 인체의 모든 부분으로부터 씻어 내요. 냄새도 더 좋아진답니다!

치료와 회복

응급 처치
일상에서 베이거나 까지거나 긁힌 상처는 집에서 소독하고 치료할 수 있어요. 시간이 지나면 상처 위로 새로 피부가 자란답니다.

구급 상자

반창고

반창고

연고

체온계

인체는 놀라울 정도로 스스로 회복하는 능력이 뛰어나요. 예컨대 인체는 수명이 다한 피부 세포를 정기적으로 갈아 주고, 창자 벽을 이루는 세포를 5~7일마다 모두 교체해요. 그렇지만 때때로 인체는 치료를 위해 의료의 도움을 받을 필요가 있어요.

약

의료 전문가
인체가 제 기능을 하지 못할 때 이따금 의사를 비롯한 의료 전문가의 진료가 필요해요. 이들은 약을 처방하고 치료를 해 줄 수 있어요.

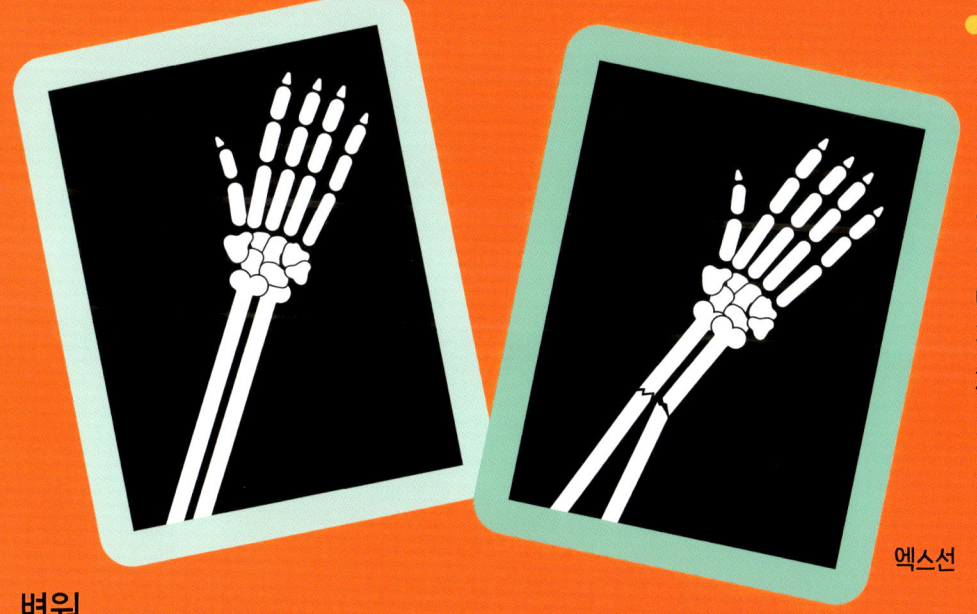
엑스선

병원
엑스선을 비롯한 의료 장비는 인체 내부를 들여다보고 무엇이 문제인지 알아내요. 문제가 발견되면 수술로 제거하거나 바로잡을 수 있는 때가 많아요.

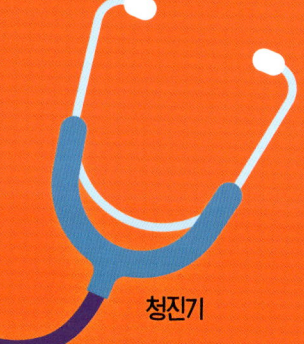
청진기

잠

잠자리에 들 때
인체는 저녁이 되면 피로해지므로 밤에는 쉴 필요가 있어요. 잠을 충분히 자는 것은 매우 중요하답니다.

인체는 밤낮없이 최고의 기능을 발휘하지는 못해요. 쉬면서 인체의 여러 기관이 속도를 늦추고 스스로 치료하고 회복하게 해 주어야 해요. 잠을 푹 자고 나면 다음 날 인체가 상쾌하게 활동을 시작할 수 있게 되어요.

꿈
사람은 누구나 꿈을 꾸어요. 하지만 과학자는 꿈이 무슨 의미가 있는지 확실하게 알지 못해요. 어쩌면 꿈은 뇌가 기억하고 힘을 되찾으며 하루 동안 일어난 일을 이해하려 노력하면서 일어나는 현상인지도 몰라요.

잠든 동안에는
인체의 호흡과 심장 박동수가 떨어져서 심장과 폐가 조금 덜 일하게 되어요. 사람은 매일 밤 7~9시간을 자야 해요.

성장과 발달

잘 보살피고 잘 먹이면 인체는 빠르게 성장하고 발달해요. 태어난 아기는 자라서 어린이가 되고, 어린이는 발달하여 청소년이 돼요. 청소년은 어른이 되고, 어른은 나이가 들면서 온갖 방식으로 변화한답니다.

청소년
신체가 어린이에서 어른으로 발달하면서 변화가 더 일어나요.

어른
인체가 완전히 발달했지만, 80세나 그 이상이 될 때까지 나이가 들면서 평생 동안 계속 변화해요.

어린이
신체적으로 새로운 기술을 배우고, 새 친구를 사귀고, 새로운 생각을 떠올리고, 더 크고 튼튼해져요.

아기
아기는 웃고 울 수 있고, 사람 얼굴을 알아볼 수 있어요. 신체의 움직임을 제어하는 법을 배우기 시작해요.

유아
태어나 처음으로 말을 하고, 기고, 걷고 세상을 감지하는 법을 익히느라 신체적으로 바쁜 시기예요.

용어 설명

가로막(횡격막) 폐 아래에 있는 커다란 근육으로, 위아래로 움직이며 인체의 호흡을 돕는다.

감염 병원체(병을 일으키는 미생물)가 인체에 침입하여 생기는 질병.

관절 두 개의 뼈가 만나는 곳. 인체에 있는 관절 중에는 움직일 수 있는 것이 많다.

기관 같은 역할을 하는 여러 조직으로 이루어진 인체 부위. 눈, 콩팥, 폐, 뇌 등은 모두 기관이다.

동공 눈 한가운데에 있는 검은 원으로, 빛이 이곳을 통해 눈 안으로 들어간다.

동맥 산소를 가득 머금은 혈액을 심장으로부터 인체 곳곳으로 나르는 관.

망막 눈 뒤쪽에서 빛을 감지하는 얇은 세포층.

멜라닌 피부와 털, 눈이 색을 띠게 만드는 색소.

모세 혈관(실핏줄) 동맥보다 가는 작디작은 혈관.

바이러스 세포에 침입하여 세포 안에서만 살 수 있는 작디작은 생물체. 어떤 것은 독감이나 수두 같은 질병을 일으킬 수 있다.

방광 화장실에 갈 때까지 오줌을 저장하는 잘 늘어나는 근육질 주머니.

백혈구 혈액 속에 있는 세포의 한 종류로, 감염에 맞서 싸운다.

분자 원자라는 작디작은 입자 2개 이상이 화학적으로 결합하여 하나가 된 것.

비타민 인체가 자라고 회복하는 데 꼭 필요한 물질로, 인체가 잘 작동하게 한다.

뼈대(골격) 인체 안에서 인체를 떠받치는 구조물로, 200개 이상의 뼈로 이루어진다.

산소 공기에 들어 있는 무색 기체. 인체가 음식물로부터 에너지를 만드는 데 사용한다.

샘(선) 인체에서 이용하는 화학 물질(호르몬)을 만드는 기관.

세균(박테리아) 세포 하나로 이루어진 작디작은 생물체. 일부는 인체에 유익하지만 일부는 해로울 수 있다.

세포 생물체를 이루는 작디작은 기본 단위. 세포가 모여 인체의 각 부분을 이룬다.

소통 정보를 남에게 전달하거나 공유하는 것.

소화 계통 음식물을 받아들여 인체가 에너지를 만들 수 있도록 처리하는 일련의 기관.

식도 목부터 위까지 음식물을 운반하는 긴 관.

신경 신경 세포로 이루어진 긴 섬유 다발. 많은 신경이 뇌에서 주고받는 신호를 전달한다.

영양소 인체가 건강을 유지하고, 자라고, 회복하고, 작동하는 데 필요한 물질. 탄수화물, 지방, 단백질, 비타민, 무기질 등이 그 예이다.

이산화탄소 세포에서 노폐물로 만들어지는 보이지 않는 기체. 숨을 내쉴 때 인체 밖으로 나간다.

정맥 산소를 적게 머금은 혈액을 다시 심장으로 운반하는 혈관.

조직 함께 작동하는 비슷한 세포의 집합. 예컨대 근육 세포가 모여 근육 섬유 조직을 이룬다. 신경 세포, 즉 뉴런이 모여 신경 조직을 이룬다.

척수 머리부터 척추를 따라 길게 이어지는 신경 섬유. 인체의 신경을 뇌와 연결한다.

콩팥(신장) 혈액을 깨끗하게 걸러 내고 오줌을 만드는 한 쌍의 기관.

털집(모낭) 피부에서 털을 둘러싼 작디작은 구멍.

호르몬 인체 곳곳으로 보내져 전령 역할을 하는 화학 물질.

홍채 눈 한가운데에 있는 동공을 둘러싼 색깔 있는 고리. 홍채에 있는 근육은 동공이 커지거나 작아지게 할 수 있다.

힘줄(건) 근육과 뼈를 연결하는 끈 같은 조직.

찾아보기

ㄱ
가로막(횡격막) 38~39, 62
가슴우리 12, 14, 34, 38~39, 43
간 6, 45
감염 8, 24, 34, 55, 58, 62
계통 5, 10~11
　근육 계통 10, 17
　내분비 계통 24~25
　림프 계통 48~49
　비뇨 계통 11, 47
　뼈대 계통 10, 14~15
　소화 계통 11, 42~43, 47, 63
　순환 계통 11, 37
　신경 계통 10, 23
　호흡 계통 11
곧창자(직장) 45, 47
골반 14
관절 14~15, 57, 62
　경첩 관절 14
　못박이 관절 14
　안장 관절 15
　융기 관절 15
　절구공이 관절 14~15
　중쇠 관절 14~15
　평면 관절 15
귀 6~7, 16, 30~31
균형 21, 24, 30
근육 6, 9, 11~12, 14, 16~19, 21, 26~27, 37, 39, 42~43, 47, 51, 55~57
　두 갈래근 16~17
　민무늬 근육 17
　뼈대 근육 17
　세 갈래근 16~17
　심장 근육 17, 34
기관 11, 38, 45~46, 49~50, 62
기억 20~21, 60
꿈 60

ㄴ
노폐물 5, 11, 34, 36, 39, 46~47
뇌 5, 7~8, 20~21, 23~24, 26, 28, 30~31, 33, 36, 51, 60
눈 6~7, 18~20, 26~29, 50
　각막 27, 48
　눈썹 50
　동공 26~27, 62
　망막 26~27, 62
　속눈썹 50
　수정체 27
　홍채 26~27, 63
눈물 48
눈썹 19

ㄷ
다리 14, 57
동맥 34, 37, 46, 62
땀 48, 50, 58

ㄹ
림프 48~49

ㅁ
머리뼈(두개골) 12, 14, 26, 31
멜라닌 52~53, 62
멜라토닌 25
모세 혈관(실핏줄) 36~37, 44, 62
목 15, 18~19
무릎 14~15
미각 20, 32~33

ㅂ
바이러스 48~49, 62
반사 작용 23
발톱 7, 51
방광 7, 11, 46~47, 62
봉합 14
비타민 45, 56, 62
뼈 6, 8, 12~15, 24~25, 34~35, 41, 44, 55, 57
뼈대(골격) 12, 14~15, 62

ㅅ
산소 8, 11, 34~39, 62
샘(선) 19, 24~25, 42, 48, 62
　가슴샘 6, 24~25, 49
　갑상샘 6, 24~25
　뇌하수체 24~25
　땀샘 50
　부갑상샘 25
　솔방울샘 25
　시상 하부 24~25
　이자 7, 24~25, 45
　콩팥 위샘 6, 24~25
　피부 기름샘 51
성대 41
성장 55~56, 61
세균(박테리아) 45, 48~49, 51, 58, 63
세기관지 38~39
세포 6, 8~11, 22, 24, 36~37, 46, 56, 59, 63
　근육 세포 9, 10
　냄새 수용체 세포 32~33
　뉴런 8, 22~23
　막대 세포(간상 세포) 26~27
　멜라닌 세포 52~53
　백혈구 8, 24, 34, 37, 48~49, 62
　뼈세포 8
　원뿔 세포(원추 세포) 26~27
　적혈구 8, 13, 34, 36
　지방 세포 9
　큰 포식 세포(대식 세포) 48~49
　티(T) 세포 24
　피부 세포 9, 50~52, 59
소통 40~41, 61, 63
손 12, 14, 36
손가락 13~14, 51
손목 12, 14~15
손톱 7, 50~51
시각 20, 26~29
식도 42~43, 63
식도 조임근(괄약근) 42~43
신경 16, 20, 22~23, 27, 30, 33~34, 41, 47, 63
신경 계통 7, 22~24
심장 6, 10~11, 21, 24, 34~35, 37, 39, 46, 57, 60
쓸개 6, 45

ㅇ
아기 12, 40, 61
어깨 14
에너지 11, 21, 24~25, 38, 44~45, 56
엑스선 59
연골 15, 24
영양소 11, 35~36, 42, 44~47, 63
오줌(소변) 46~47
요도 7, 47
운동 55, 57
위 7, 42~45
융모 44~45
음식물 11, 18, 24, 32, 38, 40, 42~46, 56
이(치아) 6, 14, 40~42, 48, 58
이산화탄소 39, 63
인대 15
입 7, 18, 33, 38~43, 49
입술 41, 53

ㅈ
잠 38, 55, 60
재채기 19, 58
점 52
정맥 35, 37, 46, 63
조직 11, 36, 49, 63
주름 19
중추 신경 계통 23
지라(비장) 6, 49

ㅊ
창자 7, 44~47, 59
　작은창자 7, 44~45
　큰창자 7, 44~47
척수 23, 63
척추 12~14
청각 20, 30~31
촉각 20, 50
침 42, 48

ㅋ
케라틴 51
코 6~7, 16, 32~33, 38~39, 49, 51
콧수염 53
콩팥(신장) 7, 46~47, 63
콩팥 위샘(부신) 6, 24~25

ㅌ
턱 13~14, 18, 40~42
털 6~7, 50~53
털집(모낭) 50~53, 63

ㅍ
폐(허파) 7, 35, 38~39, 57, 60
피부 6~7, 9, 18, 48, 50~53, 59

ㅎ
항문 45, 47
핵 9
혀 18~19, 32, 41~42
혈관(핏줄) 6, 11, 13, 34, 36~39, 41, 46, 48, 50~51, 53
혈색소 34, 37
혈소판 8, 35~36
혈액(피) 6, 8, 11, 34, 36~37, 46, 48~49, 56~57
혈장 35
호르몬 24~25, 63
회복 56, 59~60
후각 32~33
힘줄(건) 17, 63

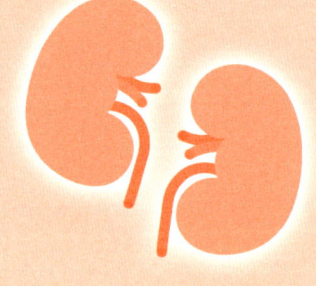
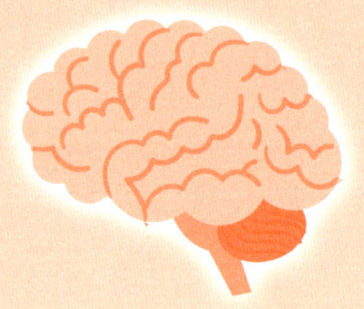
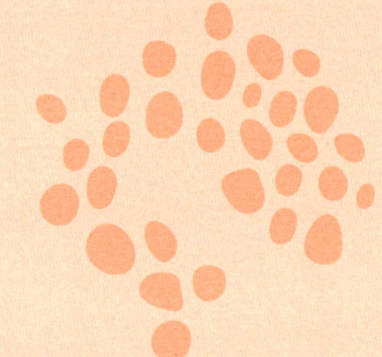